Napf, Der fromme Metzger

# *Der fromme Metzger*

Heitere Geschichten
aus der Provinz

nach
der Wahrheit
erfunden von
Karl Napf

Mit 14 Zeichnungen
von
Mechtild Schöllkopf

Konrad Theiss Verlag

CIP-Kurztitelaufnahme der Deutschen Bibliothek

*Napf, Karl:*
Der fromme Metzger: Heitere Geschichten aus der Provinz /
Karl Napf. Mit Zeichn. von Mechtild Schöllkopf. –
Stuttgart: Theiss, 1984.
ISBN 3-8062-0397-0

Schutzumschlag: Mechtild Schöllkopf

3. Auflage 1987

Gesamtherstellung: Ebner Ulm
Printed in Germany
ISBN 3-8062-0397-0

*Für meine Frau*

# Inhalt

# 's Barfüßele

In Horb, der einstigen Oberamtsstadt am Rande des Schwarzwaldes, begab sich zu Anfang der achtziger Jahre unseres Jahrhunderts eine gar seltsame Begebenheit. Die studentischen Umtriebe der späten sechziger Jahre, von denen man hier mit Gruseln vernommen hatte, waren schon lange vorbei. Überall zitterten die jungen Leute im Lande um einen Studienplatz; und hatten sie einen ergattert, dann gingen sie fleißig und unauffällig ihren Studien nach.

In Horb geschahen in jenen Jahren mancherlei Veränderungen. Zivilisationsgeschädigte Künstler und Halbkünstler aus dem Stuttgarter Ballungsraum siedelten sich an und schockierten manche Einheimische dadurch, daß sie bis morgens um zehn Uhr schliefen und dabei noch gut verdienten. So war die Welt in Horb, die scheinbar so festgefügt war, bald nicht mehr so heil wie in der guten alten Zeit, als es noch keine Hohenberg- und keine Haugenstein-Siedlung gab. »Ja, ja, des isch der Fortschritt, der brengt os älleweil weiter weg vom Paradies ond emmer meh em Jengschda Dag zua«, konnte man alte Horber seufzen hören.

Die Medien taten das übrige, um das süße Gift des

gesellschaftlichen Zerfalls in die Horber Alt- und Neubürger einzuflößen, von denen manche nur allzu aufnahmebereit waren. Zwar lasen die Horberinnen noch nicht »Emma«, aber die »Brigitte« war weit verbreitet und schärfte das Emanzipationsbewußtsein der Horber Hausfrauen. Die Mehrzahl der Horber Bürgersfrauen war aber dennoch recht konservativ geblieben. Zwar hatte man in den meisten Familien die drei »K« – als da sind Kirche, Küche und Kinder – allmählich durch »FKK« ersetzt, womit man allerdings nicht das sündhafte hüllenlose Baden meinte, sondern daß für die meisten Horberinnen jetzt der Alltag durch »Fernsehen, Küche und Kinder« ausgefüllt war.

Eine kleine, aber engagierte Gruppe junger Frauen aus »besseren Kreisen« gab sich aber mit »FKK« nicht zufrieden und entschloß sich zum Protest. Zu dieser Avantgarde gehörte auch die Frau eines höheren Beamten aus Horb, die wir »Barfüßele« nennen wollen. An einem heißen Junitag ging sie mit einem bunten Minikleid und einer schicken Jutetasche zum Einkaufen in die Stadt. Nun ist der Anblick einer attraktiven Frau in einem Minikleid stets etwas, was die bewundernden Blicke der Männer und die neidischen Blicke der Frauen auf sich lenkt. Jedoch ist auch in Horb solch ein Anblick nicht mehr so außergewöhnlich, daß daraus ein kleiner Gesellschaftsskandal werden könnte. Auch eine Jutetasche als Einkaufstasche schockiert heute niemand mehr, ist doch dieses »progressive« Uniformstück auch in vielen bürgerlichen Familien mit »grünen« Kindern längst ein vertrauter Anblick.

Es war etwas anderes, was die Horberinnen entsetzte und

die Horber amüsierte. »'s Barfüßele« ging barfuß, ohne Strümpf und ohne Schuh durch die ganze Horber Innenstadt, zum Metzger, zum Bäcker, zum Pfannkuch und sogar über die Neckarbrücke zur Post. Kampflustig funkelte der Nagellack an ihren wohlgeformten Zehen, und ohne sich zu beeilen, ging sie ihren Verrichtungen nach. Während die Männerwelt allenfalls belustigt den Kopf schüttelte, ging diese Demonstration der Unabhängigkeit von bürgerlichen Kleidungssitten den Horberinnen doch zu weit. »Ihr Ma isch Oberregierungsrat, ond sie lauft barfuaß, ha des isch doch gschponna«, sagte die Bäckersfrau, nachdem 's Barfüßele den Laden verlassen hatte. »Ja, ja, vo de reiche Leit ka mer schpare lerna«, meinte eine Kundin und war sich mit der Bäckerin einig darüber, daß es so etwas in Horb noch nie gegeben habe, soweit man zurückdenken könne. »Wer lauft denn heit no barfuaß rom, net amol Kender«, hieß es im Metzgerladen, kaum daß 's Barfüßele entschwunden war.

Auch auf der Post war die Verwirrung groß, und man schlug in der Postordnung nach, ob es Vorschriften gebe, wie man ein Dienstgebäude der Deutschen Bundespost zu betreten habe. Aber es fand sich nichts darin, was hätte weiterhelfen können. Die Väter der Postordnung hatten freilich nicht voraussehen können, daß der moralische Verfall in Deutschland einmal so groß werden könnte, daß eine Frau am hellichten Tag barfuß ein Postgebäude zu betreten wagte. »Das haut doch am Faß da Boda naus«, dachte sich eine verärgerte Postbeamtin, die über ihren Vetter mit dem Amtsrichter verschwägert war und rief »mir nix, dir nix« beim Amtsgericht an. Der Amtsrichter, der sein tägliches Urteil bereits hinter sich gebracht hatte und bei einer Tasse Kaffee behaglich den Stellenteil des »Staatsanzeigers« las, nahm den Sachverhalt amüsiert zur Kenntnis. Er gehörte zu der seltenen Sorte weltläufiger Richter, die auch werktags Filet essen und hatte sogar auf eigene Kosten die »Zeit« abonniert. »Nein, nein«, beruhigte er seine Anverwandte, »das ist nach geltendem Recht kein ›öffentliches Ärgernis‹. Das Strafgesetzbuch gibt dafür nichts her, ein Kleid hat sie ja angehabt. Strafbar ist das Barfußgehen auch in Horb nicht, nicht einmal ordnungswidrig«, sagte er. »Das ist ganz einfach eben ›Emanzipation à la Horb‹.«

# Ehebruch im Hallenbad

Es war zu jener Zeit, als Horb noch nicht Große Kreisstadt, dafür aber richtige Kreisstadt war. Der Hechinger Korridor teilte den landschaftlich schönen, aber wirtschaftsschwachen Kreis in den protestantischen Sulzer und in den katholischen Horber Bezirk, die durch das Landratsamt und andere Behörden und nicht zuletzt auch durch das Amtsgericht in Horb zusammengehalten wurden. Während die Einwohner des Horber Bezirkes seit jeher der Lebensfreude zugetan waren, war im Sulzer Bereich noch viel von protestantischer Strenge zu spüren. Aber die gesellschaftliche Entwicklung machte auch vor Sulz nicht halt. So hatte die seit ein paar Jahren anhaltende Sexwelle auch die Ehe der Sulzer Bürgerin Elvira K. in Mitleidenschaft gezogen. Nachdem ihre Kegelschwestern und ihre Schwägerinnen keinen Rat wußten, dachte sich Elvira: »Wozu haben wir denn Behörden in diesem Lande?« Lange bevor die »Bürgernähe« zum vorübergehenden Fluch der Verwaltung geworden war, hatte ja schon die Polizei die Devise ausgegeben: »Die Polizei, dein Freund und Helfer.«

»Wenn schon die Polizei ein Freund und Helfer ist, wieviel mehr Rat muß dann erst das Amtsgericht für mich haben?« dachte sich Elvira und beschloß, nach Horb zum Amtsgericht zu fahren. Sie ließ sich noch eine neue Dauerwelle machen, zog ihr dunkelblaues Kostüm und eine weiße Organzabluse an und fuhr mit der Bahn nach Horb, wo sie zügig dem Amtsgericht zustrebte, das ihr von einem Auftritt als Zeugin in einer Unfallsache in guter Erinnerung war. Dort erklärte sie dem Justizwachtmeister Rimpf, sie habe ein persönliches Problem und brauche den Rat des Amtsgerichts. Rimpf, in 40 Dienstjahren bei der Justiz in Ehren ergraut und zum Menschenkenner geworden, taxierte Elvira sofort so ein, daß der Rat eines leibhaftigen Amtsgerichtsrates wohl entbehrlich sei und der »Fall« auch von einem Referendar bewältigt werden könnte.

So öffnete er die Tür des Referendarzimmers und sagte: »Ein Fall für Sie, Herr Gerichtsreferendar.« Gerichtsreferendar Wanner, der dem Amtsgericht Horb seit zwei Monaten zugewiesen war und der gerade an der alten Referendarskrankheit, der Langeweile, litt, freute sich über die Unterbrechung seines Aktenstudiums und sagte, ganz wie es später den Beamten von der Regierung aus offiziell beigebracht wurde: »Bitte, nehmen Sie Platz, wie kann ich Ihnen helfen?« Elvira als Endvierzigerin druckste beim Anblick des jungen Referendars etwas herum, faßte aber dann doch Vertrauen und sagte: »Mei Ma isch et, wie er sei sott.«

Wanner witterte Scheidungsabsichten und freute sich schon insgeheim, daß er den Fall an das Landgericht abschieben könnte, erklärte aber diplomatisch, das höre man heute oft, es menschele halt überall. »Oser Ehe war früher emmer guat«, sagte Elvira, »aber en letschter Zeit isch mei Ma vom Deifel bsessa ond hot no no Sex em Kopf.« – »Ja, wollen Sie sich scheiden lassen?« fragte der Referendar. »Das ist heute kein Problem mehr.« – »Des isch es grad net«, meinte die Ratsuchende, »i will jo, daß er sich au wieder für mi interessiert. Wisset Se, d' Kender send ausem Haus ond i kenn ihn scho gar nemme, seit's mit dera Sexwell agfange hot. Haufeweis kauft er sich selle Illuschtrierte ond Heftle, Sie wisset schon, ond des war mir ja no au no gleich, aber ehm langet d' Bilder et, ond drom druckt er sich en de Hallabäder rom ond fahrt bis ge Rotteburg, weil er d' Mädle em Hallabad agucka will. Früher hat's doch älleweil gheißa, wenn einer a Frau aguckt ond sie dabei begehret, no hot er scho d' Ehe mit ihr brocha.«

»Ja«, sagte Wanner, »die Bibel ist da arg streng, aber wenn es so wäre, dürfte man einen Mann ja gar nicht mehr auf die Straße hinauslassen, so streng darf man es eigentlich nicht mehr nehmen, wegen so eines Ehebruchs im Hallenbad würde man heute noch nicht geschieden, und außerdem heißt es doch immer, Appetit darf man sich holen?« – »Des wär's ja au net«, sagte Elvira, »aber wenn er no vo Rotteburg kommt, got er et zo mir heim, sondern zo so'ma Mensch in Sigmarswangen.«

Wanner wurde es langsam ungemütlich. »Ja, rechtlich ist Ihnen da schlecht zu helfen, wissen Sie, es gibt Gesetze, wie man eine Ehe auseinanderbringt, aber wie man eine wieder zusammenbringt und kittet, da gibt unsere Rechtsordnung nichts her.«

»Des send mir schene Gsetz«, sagte Elvira, »was isch denn des für an Schtaat, wo no Vorschrifte für d' Scheidung hot, aber koine dafür, daß zwei Eheleit wieder mitanand auskommet?« – »Ja, wissen Sie«, meinte der Referendar, der sich jetzt gefordert fühlte, »der Staat kann sich nicht in alles mischen, wo kämen wir denn da hin, wenn er so in das Privatleben der Bürger eingriffe? Ihre Probleme liegen, glaube ich, mehr im Tatsächlichen.« – »Wie meinet Se des?« meinte Elvira. »Nun, ich glaube, Sie müssen Ihren Mann wieder für sich gewinnen«, meinte Wanner mit einem Blick auf die füllige Sulzerin, »haben Sie sich einmal Gedanken gemacht, warum Ihr Mann zu den Mädchen ins Rottenburger Hallenbad fährt?« – »Halt weil se jong ond sche send«, meinte Elvira resigniert und sagte: »Seit i den Verdruß mit meim Ma han, han i zwelf Kilo zuagnomma ond kriag se eifach nemme weg.« Nun kam Wanner, der ähnliche Figurprobleme hinter sich hatte, in ein sichereres Fahrwasser. »Kennen Sie die Zeitschrift ›Brigitte‹?« fragte er seine Besucherin. »Kenna tu i se scho, aber glesa han i se no nia«, gestand Elvira. »Die müssen Sie jetzt abonnieren«, sagte der Gerichtsreferendar, der seit Jahren dieses Frauenjournal bei seiner Frau mitlas. »Dieses Magazin gibt erstens aktuelle Modetips und zweitens bringt es Ihnen hervorragende Diätrezepte, die bei jedem schnell zu Erfolg führen.« Elvira atmete sichtbar auf, daß ihr Besuch jetzt doch zu Ergebnissen zu führen schien, bedankte sich bei Wanner für den guten Rat, den sie gleich beherzigen wolle, und marschierte fröhlich an Wachtmeister Rimpf vorbei zum Amtsgericht hinaus.

Auch Wanner war mit seiner schnellen und unbürokratischen Hilfe zufrieden. »Davon erzählen sie einem in Tübingen nichts, was da in der Praxis an Problemen auf einen Juristen zukommt«, ging es ihm durch den Kopf, und er beschloß, sich selbst mit einer Tasse Kaffee im Café Kipp zu belohnen. Gemächlichen Schrittes schlenderte er über den Horber Marktplatz und dachte: »Dieses Café trägt mit seiner freundlichen und tüchtigen Wirtin und den guten Konditoreiwaren zur Stadtqualität von Horb fast mehr bei als das Rathaus gegenüber mit seinen vielen Beschlüssen.« Beim Betreten des Cafés jedoch stutzte er. Saß da nicht gleich am ersten Tisch seine Klientin Elvira hinter einem großen Stück Schwarzwälder Kirschtorte? »S'isch s'letscht Mol, Herr Referendar«, sagte sie lächelnd, »am Bahof kauf i mir no glei d' ›Brigitte‹.«

# Vom unglückseligen Leben und Sterben Dominikus Wankmüllers

Das schöne Horb am Neckar ist weithin als friedlicher und freundlicher Ort bekannt. Seine Reize verdankt es dabei nicht zuletzt seiner Lage in einer noch weitgehend ländlichen Umgebung. Zu den großen Vorteilen des ländlichen Raumes kommen aber auch hier, wie anderswo, dessen Nachteile, wobei hier nur an die fehlende moralische Toleranz erinnert sei. Mangels eigener »Verfehlungen« erbaut sich so mancher und so manche an den Abweichungen von der Norm durch seine Mitmenschen. Trotz dieser sozialen Überwachung im sittlichen Bereich gedeihen hier und anderswo in ländlichen Regionen aber noch viele Originale. Auch Außenseiter der Gesellschaft werden wohlwollender toleriert als in den Städten, wo man geneigt ist, sie als Problem der Polizei anzusehen. Die Farbigkeit des Lebens bestimmen daher nicht zuletzt diese Originale, und erfreulicherweise haben sie meist einen humoristisch gefärbten Charakter. Doch gibt es darunter auch tragische Gestalten, und eine von diesen war Dominikus Wankmüller aus einer kleinen Gemeinde im Altkreis Horb.

Wankmüller gehörte einem »Pechjahrgang« an. In jedem Jahrhundert gibt es Pechjahrgänge und Glücksjahrgänge, was man freilich erst dann endgültig feststellen kann, wenn die Zeit dieses Jahrhunderts zu Ende geht. Für unser Jahrhundert steht bereits fest, daß der Jahrgang 1920, dem Dominikus angehörte, ein ausgesprochener Pechjahrgang war.

Nach ein paar Jahren in der Zwergschule half der schwach begabte junge Wankmüller in der elterlichen Landwirtschaft und wurde gerade noch rechtzeitig Soldat, um schon am Polenfeldzug teilnehmen zu müssen. Zur Infanterie hatte es ihn verschlagen, die in allen bisherigen Kriegen die größte Last zu tragen hatte. Beim Frankreichfeldzug war er schon MG-Schütze 1, was er bis zum bitteren Ende blieb. Auch im Krieg gegen Rußland war er von Anfang an dabei, und das Maß seiner Entbehrungen und Leiden erreichte seinen Höhepunkt, als er im Januar 1943 bei Charkow in Kriegsgefangenschaft geriet, die für ganze zwölf Jahre sein Schicksal werden sollte. Mit den letzten Kriegsgefangenen kehrte er 1955 zurück in sein kleines Schwarzwalddorf.

Die Eltern waren tot, das elterliche Anwesen heruntergekommen, und von der wenigen Verwandtschaft, die noch im Flecken war, hatte niemand auf ihn gewartet. So gelang es Wankmüller nicht mehr, Fuß zu fassen im aufblühenden Wirtschaftswunderland. In 14 Jahren Rußland an Überleben unter weit härteren Bedingungen gewöhnt, führte er nun ein Leben, wie es nicht mehr überall in Deutschland möglich ist.

Unstet zog er fast täglich von seinem Heimatort nach Horb und zurück und tauchte überdies zu den unter-

schiedlichsten Tages- und Nachtzeiten auf den Straßen des Kreises auf. Seine wirtschaftlichen Grundlagen blieben im dunkeln. Man wußte, daß ein Horber Bäcker barmherzig genug war, ihm alte Wecken zu überlassen, er hier ein Krautland ausräumte und da und dort etwas fand, was er brauchen konnte.

Einsam, wie er war, versuchte er bei seinen Märschen immer wieder, mit Menschen zu sprechen, die ihm in den Weg kamen, wenn sie ihm nicht, wie meistens, sofort auswichen. So näherte er sich auch einmal in einer Winternacht einer Gruppe Jugendlicher vor der Diskothek in Nordstetten und erzählte ihnen ohne Übergang, mit einem Rest von Stolz, in einer Nacht wie dieser, aber noch viel kälter, habe er mit seinem Maschinengewehr an der Ostfront einen russischen Stoßtrupp aufgehalten, und der Bataillonskommandeur selbst habe ihm zur Belohnung dafür zehn Zigaretten geschenkt. Jedoch mit dieser Geschichte konnte er bei seinen jugendlichen Zuhörern keinen Eindruck machen. »So, Dominikus«, sagte einer aus der Gruppe, »was du net älles weisch, ond wia schpielt no morge der VfB?« Hilflos starrte ihn Wankmüller an und wandte sich dann enttäuscht ab, um seine ruhelose Wanderung wieder aufzunehmen.

Einmal verletzte er sich so, daß er in Tübingen an der Hand operiert werden mußte. Noch Monate danach erschien er regelmäßig jeden Samstagvormittag in einem Horber Rechtsanwaltsbüro und erklärte, seine Hand sei noch immer »wie Wurst«, und man müsse unbedingt den Tübinger »KV-Arzt« verklagen, wozu es freilich nicht kam.

Im Laufe der Zeit verfiel Wankmüller zusehends. Seine

Kleidung, die nie ordentlich gewesen war, wurde immer abgerissener. Die fehlende Hygiene und unregelmäßige Ernährung über Jahrzehnte machten sich bemerkbar und trugen zu einem sehr schlechten Gesundheitszustand bei. Mühsam schleppte er sich dahin. Als schließlich eine Lungenentzündung dazu kam, mußte er, widerstrebend, weil er um seine Freiheit fürchtete, ins Horber Krankenhaus. Die Lungenentzündung wurde geheilt, aber das schlechte Allgemeinbefinden verstärkte sich noch, da in der ungewohnten Umgebung seine Lebenskraft nachließ und jetzt auch das Herz nicht mehr mitmachte. Besuche hatte er während seines ganzen langen Krankenlagers keine erhalten, und so war man froh, daß man in der Ludwigsburger Gegend noch eine Verwandte ausfindig machen konnte, die sich nach langem Zögern bereit erklärte, ihn für die letzten Wochen aufzunehmen.
Ein ehemaliger Nachbar, der geschäftlich dort zu tun hatte und mehr aus Neugier als aus Mitgefühl nachfragte, wie es auch dem Dominikus gehe, bekam freilich eine barsche Abfuhr. »Auf die Dokter vo Horb ka mer sich au net verlasse«, mußte er da hören, »selligsmol, wo i en zua mer gnomma hao, hot's ghoissa, daß er no hechschtens sechs Wocha lebt, ond jetzt, jetzt send's scho zwei Monat drieber.«

# Der arme Zahnarzt

Wie in jedem größeren Ort des Landes gab es zu Beginn der achtziger Jahre dieses Jahrhunderts auch in Horb eine ganze Reihe von Zahnärzten. Es gab solche und solche, natürlich vor allem solche, aber in einem kulminierten alle Zahnarzteigenschaften, weshalb er mehr ein Phantom als eine reale Person war, eben ein Idealtypus, wie die Soziologen sagen.

Getreu der Devise, nicht zum Schmiedle zu gehen, sondern zum Schmied, wenn es darauf ankommt, entschloß sich der Regierungsobersekretär Max Weber, zu diesem Horber Zahnarzt zu gehen, als ihn das Zahnweh plagte. Dr. med. dent. Dens Medicus leuchtete Weber schon von weitem ein Schild entgegen, und zitternd betrat er die Praxis des berühmten Arztes.

Nicht nur das Zahnweh machte den Beamten beben, sondern auch die große Sorge, der berühmte Zahnarzt könne ihm mehr als das 3,5fache der Gebührenordnung für Ärzte (GOÄ) berechnen, wie es die Landesregierung für angemessen ansah und erstattete. Während höhere Beamte für Arztbesuche oft eine betont einfache Kleidung wählen, hatte Max Weber solche besonderen Vorsichtsmaßnahmen nicht nötig, da für ihn die Schlichtheit

selbstverständlich war. So saß er denn nervös im Wartezimmer des Zahnheilkundigen und blätterte im »Gesunden Volk« und der ADAC-Zeitung, die Medicus ausgelegt hatte. Endlich war er an der Reihe, und mit kleinen Schweißtropfen auf Nase und Stirn betrat er den Behandlungsraum der vielbesuchten Praxis, zu der Zahnkranke selbst aus Rottweil und Balingen Zuflucht nahmen.
»Bitte nehmen Sie Platz«, sagte Medicus und machte eine einladende Handbewegung. »Ich bin nur ein kleiner Beamter...«, stotterte Max Weber, dem die ehrfurchtgebietende Art des ganz in Weiß gekleideten Arztes tiefen Respekt einflößte.
»Ja, ja, die GOÄ, ich habe da volles Verständnis für Sie«, sagte Medicus. »Aber so ist das nicht, sehen Sie, die Bevölkerung sieht uns Zahnärzte ja alle in einem völlig falschen Licht. Sicher gibt es da den einen oder anderen, der durch den vielen Umgang mit Gold auch privat am Golde hängt, aber bei den Juwelieren toleriert man das ja auch. Sehen Sie mich an«, fuhr er fort, »ich darf ja gar nicht leben, wie ich will. Sehen Sie, mein Lieblingsauto ist der Golf Diesel, aber wenn ich hier in Horb einen Golf Diesel als einziges Auto fahren würde, würde ja jeder gleich denken, jetzt geht ihm das Geld aus, er läßt scheint's nach, da gehe ich nicht mehr hin.« – »Ach so ist das«, staunte Weber, dem schlagartig klarwurde, warum Medicus nicht nur einen rassigen Alfa Romeo, sondern auch einen großen BMW in der Garage hatte. »Ja, so ist das«, ergänzte der Zahnarzt, »mein Lieblingsessen sind zum Beispiel saure Kutteln, aber wenn ich hier zum Essen gehe und Kutteln bestellen würde, hieße es doch gleich, es muß bei ihm arg nachgelassen haben, er frißt ja schon

Abfälle. So ist das.« – »Da bin ich froh, daß ich kein Zahnarzt bin«, dachte der Obersekretär, »mir gönnt man wenigstens mein Schnitzel noch.«
»So könnte ich Ihnen noch viel erzählen«, deutete der Arzt an, der offensichtlich seinem Herzen einmal Luft machen wollte.
»Minister müßte man sein, dann dürfte man nicht nur, man müßte sogar in Baden-Württemberg Urlaub machen, nur von uns verlangt man, daß wir unsere Kongresse und Urlaube in Mexiko und auf Hawaii abhalten und an der Côte d'Azur eine Zweitwohnung unterhalten. Überhaupt, von uns verlangt die Gesellschaft immer, daß wir stets das Beste und Teuerste, was es gibt, anschaffen. Wer mußte zum Beispiel als erster ein Videogerät im Ort haben? Von wem verlangte man schon in den fünfziger Jahren ein Hallenbad im Haus? Nur von uns Zahnärzten. Wir sind der unfreieste Stand der Welt. Immer Vorbild der Gesellschaft zu sein, das hält auf die Dauer niemand aus, wir sind eben die Deppen der Nation.«
Weber bekam immer mehr Mitgefühl mit seinem Arzt und war froh, daß er alles erst dann anzuschaffen erwog, wenn es einmal in den Quelle-Katalog Eingang gefunden hatte. »Da sind Sie nicht zu beneiden«, erwiderte er teilnahmsvoll, »von diesen Belastungen machen sich die meisten gar kein Bild.« – »So ist es, so ist es, man sieht immer nur den Alfa und nicht das Schicksal seines Fahrers, auch der Zahnarzt ist nur ein Mensch. Und sehen Sie doch nur die Nachfolgeprobleme! Natürlich soll mein Sohn einmal die Praxis übernehmen, aber er macht jetzt schon im achten Semester ein Parkstudium in Geologie, weil es keinen Studienplatz für Zahnmedizin für ihn gibt.

Ich habe ihn wenigstens jetzt den Flugschein machen lassen, damit er später standesgemäß auftreten kann, aber gleich heißt es, die Zahnärzte wollten alle hoch hinaus und auf ihre Mitbürger herabschauen.«

»Wie man's macht, ist's falsch. Neid ist eben die Grundlage der Demokratie.« – »Ihre Probleme habe ich, Gott sei Dank, nicht«, erwiderte Max Weber, »bei uns, das heißt, in meiner Behörde, hat der Chef einen Audi, da darf keiner darüber hinaus, und so bin ich mit meinem Fiatle ganz zufrieden.« – »Lassen Sie Ihre Kinder ja nicht studieren, Herr Weber, das sage ich Ihnen, als Akademiker hat man heute doch nur noch Scherereien. Wissen Sie, das geht ja heute bis weit in die Familie hinein. Sehen Sie, im Laufe der siebziger Jahre fingen auch wir Zahnärzte an, zwar nicht gerade sozial-liberal zu handeln, aber man machte eben doch mit im Stil der neuen Zeit, und da kam man auch in so Kreise hinein. Wenn man da mit 45 noch nicht geschieden war, da galt man schon als bornierter Spießer, und da meine Frau ohnehin anderweitige Interessen hatte, habe ich mir diese Frage auch durch den Kopf gehen lassen. Aber eine Zahnarztehe scheiden? Ein Rechtsanwalt sagte mir einmal, eine Zahnarztscheidung belaste ein Familiengericht wegen der schwierigen Vermögensauseinandersetzung etwa zehn- bis 15mal so stark wie die Scheidung einer Beamtenehe.« – »O je«, entfuhr es Weber, »das wissen auch die wenigsten Leute«, und er war froh, daß seine Ehe nicht von der politischen Großwetterlage abhängig war.

»Und das Finanzamt wird Sie wahrscheinlich auch noch kräftig schröpfen«, meinte der staatstreue Beamte, dem seine privilegierte Stellung in der Gesellschaft jetzt erst

richtig bewußt wurde. »Das eigentlich weniger«, schränkte der Arzt ein, »wissen Sie, wenn ich auch noch Steuern zahlen müßte, könnte ich meinen Beruf gleich an den Nagel hängen. Ich habe mich bei einer Bananenfarm in Nicaragua beteiligt und bin Kommanditist bei zwei Hotels in Berlin, das bringt mir so hohe Verluste, daß ich die Steuer praktisch los bin und noch ein gutes Werk tue.«
»Ach so geht das«, meinte Weber beeindruckt, »das ist ja sehr geschickt, darauf bin ich noch gar nicht gekommen, ich mache halt jedes Jahr meinen Lohnsteuerjahresausgleich, das bringt allerdings nicht viel. Was Sie da sagen, das muß ich mir merken.«
»Lassen Sie davon nur die Finger«, erwiderte Medicus, »Sie glauben ja gar nicht, was man da für Scherereien hat, bis man die Bescheinigungen aus Nicaragua beieinander hat. Wissen Sie, Herr Weber, im Laufe meines Lebens habe ich den Spruch gelernt, der da heißt: ›Kleine Einkommen, kleine Sorgen, große Einkommen, große Sorgen‹. Aber zur Sache, Herr Weber, wo fehlt's Ihnen eigentlich?« – »Ach ja«, sagte Weber lächelnd, »das habe ich fast vergessen. Als ich kam, hatte ich rechts hinten Zahnweh, aber als Sie mir Ihre Sorgen schilderten, wurde es mir immer leichter und wohler, jetzt spüre ich praktisch gar nichts mehr und sollte noch dringend vor Ladenschluß meinen Lottozettel abgeben. Es tut mir leid, daß ich Ihre Zeit so in Anspruch genommen habe. Ganz herzlichen Dank auch, Herr Dr. Medicus.« Weber drückte Medicus die Hand und eilte davon. Verwirrt schaute der Zahnarzt ihm nach, schüttelte den Kopf und überlegte krampfhaft, das Wievielfache der GOÄ für diese Behandlung wohl angebracht sei.

# Ein junger Vikar in Nöten

Um das Jahr 1980 herum wirkte in einem kleinen Ort im mittleren Schwarzwald der junge evangelische Vikar Rüdiger Rentschler, der aus dem Bereich der hessischen Landeskirche stammte. Der Beruf des Pfarrers war für ihn, wie für wenige seiner Generation, Berufung, und er bemühte sich, seine Gemeinde auf allen Gebieten des Lebens zu einem christlichen Denken und Handeln anzuleiten. Vor allem die Jugend beeindruckte er durch sein Vorbild. Ältere meinten allerdings von Anfang an, er sei ein bißchen zu eifrig. Insgesamt war man doch sehr zufrieden mit ihm und bewunderte, wie er sich täglich darum bemühte, seine christlichen Vorstellungen in die Tat umzusetzen.

Dies änderte sich aber schnell, als Rentschler in Vertretung des erkrankten Pfarrers zum erstenmal den Weihnachtsgottesdienst abhalten sollte. Sorgfältig bereitete sich der junge Vikar vor, um diesem Höhepunkt des kirchlichen Geschehens auch gerecht zu werden. Der Gottesdienst nahm auch durchaus den üblichen Verlauf, nur daß Rentschler ihn mit deutlich mehr Inbrunst versah als der alte Gemeindepfarrer.

Es hätte ein schöner Weihnachtsabend für seine Gemeinde werden können, wenn er nicht noch etwas geradezu Unglaubliches unternommen hätte. Nach Verkündigung der Weihnachtsbotschaft, die, wie immer, ihre Wirkung auf die festlich gestimmten Zuhörer nicht verfehlte, bezog er alle Kranken und Verfolgten dieser Erde in sein Gebet ein. Zum Entsetzen der Gemeinde kam er dann auf den Mordfall Cornelia Becker zu sprechen und nahm ausdrücklich auch deren Mörder in seine Fürbitte auf. Die Gemeinde war schockiert. Die schöne Vorfreude auf den Weihnachtsabend war durch den Hinweis auf einen hinterhältigen Mörder mehr als gestört. Allein und fassungslos blieb schließlich der Vikar zurück und mußte rasch feststellen, daß er – bis auf wenige Ausnahmen – von der Gemeinde fallengelassen worden war.

Der Vorfall sprach sich herum, und der Ort, der bislang Beobachtern vor allem durch den sehr hohen Anteil an »grünen« Stimmen bei der Landtagswahl aufgefallen war, geriet ins Gerede. Auch der Oberkirchenrat in Karlsruhe hörte davon und bestellte Rentschler zu einem Gespräch. Völlig verunsichert und in seiner christlichen Überzeugung erschüttert, beschloß Rentschler, sich zuvor bei einem alten Kollegen Rat zu holen und fuhr auf den Kniebis zu Pfarrer Conzelmann, der dort seinen Ruhestand verbrachte. Der junge Vikar legte ihm dar, daß er sich nichts Böses gedacht habe, sondern vielmehr glaube, daß, wenn Weihnachten wirklich ein Fest der Liebe sei, man in der Kirche auch an die Mörder und ihre Opfer denken müsse.

Geduldig hörte der alte Pfarrer seinen jungen Amtsbruder an. Der Abstand zum geistlichen Amt hatte ihm, der sich während vieler Jahre als Gemeindepfarrer mit manchem Glaubenszweifel gequält hatte, zu einer gewissen nachdenklich-heiteren Distanz zu Kirche und Glauben verholfen. »Lieber junger Freund«, sagte er schließlich zu seinem Besucher, der, den Tränen nahe, seine christliche Haltung noch einmal kundgetan hatte, »lieber junger Freund, auch beim Glauben und der Predigt muß man von den Tatsachen ausgehen. Was heißt das? In diesem Lande gehen vier Prozent der Protestanten regelmäßig zur Kirche, nur an den hohen Feiertagen, wie an Weihnachten, ist die Kirche überhaupt einmal voll. Was erwartet aber diese Weihnachtskundschaft von uns? Sie will auf den Weihnachtsabend eingestimmt werden und will doch keine Belehrung über christliche Pflichten, gar so unangenehme wie die der Fürbitte für Mörder und ihre Opfer. Wissen Sie, lieber Rentschler, im Laufe meines Lebens bin ich dahintergekommen, die Aufgabe der Kirche ist es, die unbedingten Anforderungen der Religion auf ein für die Menschen erträgliches Maß zu reduzieren, und das können Sie eben an Weihnachten mit der frohen Botschaft und nicht mit Hinweisen auf Cornelia Becker und ihren Mörder, der freilich auch ein armer Mensch ist.«

Der Vikar war betroffen. »Die Religion auf ein dem Menschen erträgliches Maß reduzieren«, sagte er, »ist dies nicht ein Verrat an der Religion? Kommen die vier Prozent Kirchenbesucher nicht letztlich daher, daß von christlicher Entschiedenheit so wenig zu spüren ist in unserer Kirche?« Conzelmann winkte ab. »Lieber Freund«, sagte er, »auch als Theologe muß man Realist sein. Das Christentum ist eine Religion für Notzeiten. Was kümmert denn unsere Bürger, solange sie gesund

und fröhlich sind, das Gebot der Nächstenliebe. Sie glauben doch, daß dies alles mit der Kirchensteuer mehr als abgegolten ist. Für viele Christen ist heute am Sonntagmorgen der Kirchgang dem Gang ins Hallenbad gewichen, die Leute wollen ihren Leib üben, wer fragt da nach der Seele? Zum Beispiel unser großes Fest, die Konfirmation. Über deren Gelingen entscheidet doch heute nicht mehr der Pfarrer, sondern der Gastwirt. Wie die Predigt war, das vergißt man rasch, aber wehe, wenn das Essen kalt auf den Tisch kommt, das bleibt haften.«

»So meinen Sie, das Christentum sei für den modernen Menschen nicht mehr notwendig?« fragte Rentschler ungläubig. »Ich glaube, es ist heute so aktuell wie vor zweitausend Jahren, aber der Mensch hört die Stimme Gottes nicht mehr, weil es ihm zu gut geht«, erwiderte Conzelmann. »Gottes Stimme ist untergegangen im Geplärr der Medien. Der heutige Mensch hat bei uns alles, was er zum Leben braucht, er ist aber kein religiöser Mensch mehr. Das religiöse Organ ist dem Menschen abhanden gekommen.«

»Wenn mir mein Gewissen aber vorschreibt, christlich zu handeln trotz aller modernen Gottlosigkeit? Darf man etwa die christliche Lehre gar nicht mehr ernst nehmen?« forderte der Vikar den Älteren noch einmal heraus. »Das Gewissen«, lächelte Conzelmann milde, »das Gewissen, wozu brauchen es unsere Mitmenschen noch? Vielleicht für die Wahl des richtigen Waschmittels, damit sich die Mutter nicht mit einem kratzigen Pullover an ihren Kindern versündigt. Das Gewissen gab es früher einmal, heute braucht der Mensch kein Gewissen mehr, es wird ihm schon richtig beigebracht, was er zu tun hat.«

Resigniert und verzweifelt ging Rentschler schließlich nach Hause. Daß gerade Conzelmann, dessen Weisheit ihm oft gerühmt worden war, so pessimistisch war, betrübte ihn sehr, und ohne Hoffnung reiste er zum Oberkirchenrat. Was er schon ahnte, bestätigte sich. Man achte sein Engagement, hieß es, aber mit einer Übernahme in die Landeskirche könne er leider aus verschiedenen Gründen nicht rechnen. Wenn er wolle, könne er aber im Rahmen der kirchlichen Entwicklungshilfe tätig werden. So ging der enttäuschte Vikar denn in den Kongo und fand dort, tief im Urwald, noch Menschen, die unberührt von den Errungenschaften der Zivilisation waren und von den kirchlichen Helfern nicht nur Nahrung und Kleidung, sondern auch das Wort Gottes dankbar entgegennahmen.

# Die »warme Sanierung«

Wie bei allen freien Berufen weist auch das Berufsbild eines Steuerberaters im ländlichen Raum große Unterschiede zu dem seiner Kollegen in den Städten auf. Während die Berater in den Städten oft so eine vornehme Klientel haben, daß sie dadurch selbst emporsteigen, müssen sich die ländlichen Steuerexperten meist mit einer sogenannten »BMW-Praxis« begnügen, was da heißt, daß sie sich vor allem mit den Steuerproblemen von Bäckern, Metzgern und Wirten befassen.
Eine solche »BMW-Praxis« hatte auch der im Altkreis Horb ansässige Steuerberater Alois Genkinger, der sich aber auch der Beratung einiger kleinerer Betriebe rühmen konnte, wie zum Beispiel einer mechanischen Werkstatt. Deren Besitzer, den wir Wilhelm Deutschle nennen wollen, tolerierte zwar die 40-Stunden-Woche bei seinen Arbeitern, verließ selbst aber die Werkstatt immer erst spät am Abend. Dennoch war sein Betrieb seit Jahren in den roten Zahlen. Fehlendes Eigenkapital, hohe Zinsen und die seit Jahren schlechte Auftragslage hatten eine sehr bedrohliche Situation geschaffen, als sich der Steuerberater zur Vorbereitung des Jahresabschlusses einfand. Sorgfältig analysierte der Berater den Status des Betrie-

bes, während der Chef in wachsender Sorge an seinem Stumpen kaute. Das Urteil des Beraters lautete schließlich: »Wilhelm, praktisch bist du bankrott.« – »O je«, sagte der Werkstattbesitzer, »der Tag fängt guat a. Aber zo was han i di denn scho so lang als Steuerberater?« Doch dieser konterte ungerührt: »Da beißt die Maus keinen Faden ab, du bist bankrott.«

»So, so, ond was mache mer jetzt?« war die resignierte Frage. »Soll i meine zwelf Arbeiter uff d' Straß setza? Ond woher kriag i mei Rente? Meine Kender send no en der Schul ond du moinsch, i soll zom Amtsgricht geh. Also i glaub, en guter Steuerberater sollt meh kenna.« – »Also weischt«, sagte dieser, »das beste wäre, der Blitz tät in dei Hütt neischlage, no wärscht mit einem Schlag saniert.« – »Ja ond wenn mer dem Blitz a bißle nachhelfa tät? Seit über 20 Jahr zahl i in die Versicherung ei, und no net eimal hat's brennt. Der Versicherung könnt's doch egal sei, ob mer den Blitz dirigiert oder net. Schade ist Schade, oder?«

»O lieber Gott«, sagte der Steuerhelfer, »da kannscht aber leicht d' Finger in was neikriege, des muasch dir gut überlega, wenns schief lauft, gohsch en Konkurs ond ens Zuchthaus dazua, des muasch dir arg guat überlega.« – »Ha, komm«, sagte der Chef, »dir wird doch ebbes eifalle, ihr Steuerberater kommet doch rom ond höret ebbes, stell di doch et so a.«

»Ja, i möchts dir jo net rote, weil ins Zuchthaus will i au net, i mein halt bloß, ich hab scho ghört, s' gäb do a todsichere Methode, wenn mer an Lompa ens Benzin neidongt ond mit 're Kerze a'zündet, no verbrennt voll älles, ohne daß mer Spure sieht. Aber i sag dir des ganz allgemein, was du machst, muasch du selber vor deim Gwissa verantworta.« – »Gwissa isch guat. Vo meim Gwissa kann i meine Kender nix zom Essa kaufa. Gwissa isch arg guat. I han a Millio Schulda ohne Deckong ond zwelf Arbeiter. Mei Gwissa moint, daß i mein Betrieb erhalte muaß«, entgegnete der Besitzer. »Mach, was du willst, aber ich weiß von nichts«, sagte sein Steuerexperte, dem es zu heiß wurde, und ging.

Deutschle starrte noch einmal auf die Bilanz, trank einen Kognak und beschloß, nicht lange zu fackeln. Rasch besorgte er sich, wie empfohlen, einen Lappen, tränkte ihn mit Benzin und ging mit einer Kerze in die Werkstatt, in der er allein war. Unterhalb des Sicherungskastens im Treppenhaus legte er den Lappen ab, zündete ihn mit der Kerze an und ging in den Hof. Dann fuhr er mit dem Fahrrad seelenruhig zum Dorf hinaus. Er war noch innerhalb des Ortsetters, als ein Feuerwehrmann aus seinem Haus stürzte und ihm zurief: »Wilhelm, gang heim, dei Werkstatt brennt!« – »Was, jetzt scho?« entfuhr es diesem, was der Wehrmann wegen eines vorbeifahrenden Autos zum Glück nicht hören konnte. Rasch fuhr Wilhelm zurück und sah teils mit Befriedigung, teils mit Wehmut, wie die Flammen aus seiner Werkstatt schlugen.

Die Feuerwehr kämpfte tapfer, aber vergeblich, und es gelang ihr lediglich, den Brand vom Wohnhaus abzuhalten, dessen Untergang freilich auch nicht geplant war.

Da, wie auch immer, der Verdacht der Brandstiftung aufgekommen war, schaltete sich die Kriminalpolizei ein, deren Ermittlungen aber letztlich erfolglos blieben, so daß die Versicherung zähneknirschend zahlte und bald eine neue, zweckmäßige Werkstatt errichtet werden

konnte. So gelang es ihm bei dieser warmen Sanierung, sein Schäfchen ins trockene zu bringen.
Und wie zwei Männer nichts mehr verbindet als eine gemeinsame Leiche im Keller, wurde das Verhältnis zwischen Unternehmer und Steuerberater im Lauf der Jahre noch inniger. Gemeinsam gelang es ihnen, den Betrieb wieder hochzubringen. Deutschle wurde immer mehr zu einem geachteten Bürger seiner Heimatgemeinde und wurde sogar zweimal in den Gemeinderat gewählt. Lediglich sein Nachbar, von dem man aber wußte, daß er nicht ganz richtig im Kopf war, sagte noch Jahre nach dem Brand immer wieder zu ihm: »Du hascht scho recht g'habt, daß selligsmal dei Werkstatt brennt hot.«

# Der unselige Totengräber

In einem kleinen Dorf im Schwarzwald lebte noch vor wenigen Jahren ein alter Mann namens Frieder Aichele. Er trieb mit seiner Frau eine kleine Landwirtschaft um, arbeitete im Winter für die Gemeinde und ging im übrigen dem uralten Beruf des Totengräbers nach. Um seine Einnahmen auf diesem Gebiet aufzubessern, fing er in einem Schuppen seines oberhalb des Dorfes gelegenen Anwesens auch einen kleinen Sarghandel an. Nun sind die Schwarzwälder ein zäher Menschenschlag und sterben oft recht hochbetagt, so daß Frieder rasch merkte, daß auch mit diesem Handel eine goldene Nase kaum zu verdienen war.

Bei der Beerdigung seines Schulkameraden Wilhelm, der mit dem Schlepper an einem Hang umgekippt und erdrückt worden war, kam ihm die rettende Idee. Wilhelms Witwe hatte für ihren Mann, obwohl die Ehe nicht allzu glücklich gewesen war, bei Frieder einen Prachtsarg erworben, aus bestem Holz und mit schönen Beschlägen. »Des isch doch schad dafür, s'isch doch schad dafür«, sprach Frieder vor sich hin, als er das Grab seines alten Freundes zuschaufelte. »Wilhelm, sag au, zu was brauchscht du dahunte en Sarg für 1400 Mark, des isch doch gsponne. Staub bischt du, ond Staub wirsch du au wieder, an Sarg isch do doch no henderlich, ond am End blockiert er dir no dei Hemmelfahrt, Wilhelm, nix für oguat, aber i brauch dein Sarg netiger als du.«

Frieder ging heim und werkelte in seiner Scheuer herum, bis es Nacht wurde. Seine Frau war schon lange vor dem Fernseher eingeschlafen, als er seine Vorbereitungen für den Sargtransport traf. Er trank noch ein paar Kurze, um sich Mut zu machen, ist es doch so, daß jede böse Tat am Anfang etwas mehr Courage erfordert, als wenn es nur noch um die Wiederholung geht. Als es Mitternacht schlug, nahm er dann seinen Leiterwagen, ein paar Decken und den Spaten und zog am Dorf vorbei zum Friedhof.

»So, Wilhelm, jetzt komm ich noch amol, aber dann hascht dei Ruh vor mir«, sagte er mit gedämpfter Stimme und fing an zu graben. Die Erde war noch schön locker, und rasch war er wieder am Sargdeckel angelangt. Mit den Händen beseitigte er das letzte Erdreich, um keine Kratzer zu machen und legte den Sarg frei. Vom nahen Wald rief ein Käuzchen sein »Komm mit, komm mit«, und hätte der Himbeergeist nicht seine Wirkung getan, Frieder hätte doch noch das Grausen bekommen und wäre wieder heimgegangen. Doch so ermunterte er sich mit den Worten: »Aller Anfang ist schwer«, gab sich einen Ruck, öffnete den Deckel und zog den Gefährten seiner Jugend heraus.

»So Wilhelm, glei hemmers, dann hot dei arme Seel endlich a Ruh«, murmelte er und legte ihn mit einem Rest von Zärtlichkeit in das offene Grab. Schnell schaufelte er die Grabstätte zu, wickelte den Sarg, dessen Beschläge im

Mondlicht matt glänzten, in Decken und hob ihn auf den Leiterwagen. Dann ging es den gleichen Weg zurück, und Frieder wurde es immer leichter ums Herz, je weiter er vom Friedhof wegkam. »Jetzt han i a Schtond gschafft ond 1400 Mark verdient, ond koiner hat en Schada; 's hoißt doch emmer, daß 's Geld uff der Schtroß liegt, ond bei mir isch's halt der Friedhofsweg«, sinnierte er vor sich hin.

Zu Hause angekommen, reinigte er noch in der gleichen Nacht den Sarg sorgfältig von allen Erdspuren und reihte ihn wieder in sein Sortiment ein. Nachdem das Geschäft sich so gut angelassen hatte, setzte er es mit wachsender Routine fort und hatte über Jahre hinweg immer den gleichen Bestand von einem halben Dutzend Särgen im Einsatz. Sein Wohlstand mehrte sich.

Doch eines Tages ereilte auch unseren geschäftstüchtigen Totengräber sein Schicksal. In einer lieblichen Maiennacht kam er gerade wieder mit einer Fuhre leise pfeifend den Friedhofsweg herab, als ihm plötzlich ein Liebespaar in den Weg lief, das sich in einem kleinen Tannenwäldchen unterhalb des Friedhofs noch »nett unterhalten« hatte. Frieder erschrak, das Pärchen erschrak, aber die Situation war eindeutig. Ein Sarg sieht halt auch in einer Maiennacht aus wie ein Sarg, und Frieder fing auch noch an, die Nerven zu verlieren und sich selbst zu verraten. So nahmen die Dinge ihren Lauf, wie es halt so geht, wenn einmal die Polizei mit etwas befaßt ist. Frieder wurde verhört und legte ein umfassendes Geständnis ab. Seine Frau, der das viele Geld ihres Mannes immer unheimlich gewesen war, bekam einen Nervenzusammenbruch, und schließlich beschäftigte sich der Staatsanwalt in Tübingen mit dem ungewöhnlichen Fall. Rasch erkannte man dort, daß es sich um einen juristischen Leckerbissen handelte. Daß es sich um Betrug handelte, war selbst den Justizwachtmeistern klar, hatten die Hinterbliebenen doch seit Jahren für ihr gutes Geld nur gebrauchte Särge erhalten. Aber dann wurde es sehr schwierig, und selbst in der Kantine wurde noch heiß diskutiert.

Klarer Fall von Diebstahl, sagten die einen, aber wer hat denn den Gewahrsam an einem Sarg, meinten die anderen. Sind die Leichen und der Sarg nicht etwa herrenlos? Schwierige Fragen, schwierige Fragen. Typischer Fall von Unterschlagung, meinten wiederum andere. Verzweifelt wühlten die Juristen in den Kommentaren zum Strafgesetzbuch, aber seit der Gründung des Reichsgerichts war noch nie so ein Fall entschieden worden.

Schließlich nahm die Angelegenheit überraschend einen anderen Verlauf. Frieder Aichele, der dem Tod schon so oft mannhaft ins Auge geblickt hatte, und der durch den Rummel um ihn und das Geschnittenwerden im Dorf stark depressiv geworden war, griff nach dem Vorbild so vieler Übeltäter zum Strick und erhängte sich in seiner Scheuer. Die Staatsanwaltschaft in Tübingen aber schloß ihre Akten, und so ist in der Rechtswissenschaft bis heute nicht geklärt, wie sich Frieder Aichele eigentlich strafbar gemacht hat.

# Die 68er Revolution

Horb ist im Laufe seiner Geschichte von Revolutionen glücklicherweise weitgehend verschont geblieben, und nach einem verbreiteten Horber Heimatbuch dauerte hier selbst der Erste Weltkrieg nur bis 1917. Auch die sogenannte »68er Revolution«, die ja mehr ein studentisches Aufbegehren gegen das Establishment war, ist bekanntlich, wie es sich für eine Revolution in Deutschland gehört, gescheitert. Dennoch waren diese Jahre auch in Horb eine Zeit gesellschaftlicher Unruhe, auch wenn es bei weitem nicht so hoch herging wie im benachbarten Tübingen. Dort begegneten Horber in jenen Jahren, wenn sie in eine Klinik mußten, oft auf der Wilhelmstraße furchterregenden Demonstranten, die rote Fahnen schwangen und mit lauter Stimme ihr »Ho, ho, Ho Tschi Minh« skandierten. Aber wir wollen nicht von Tübingen reden, sondern vom trauten Horb. Von Horb a. N., wo man nur einmal im Jahr, nämlich an Fronleichnam, durch die Straßen zieht und rote Fahnen nicht einmal als Fasnetsscherz auftauchen. Aber auch hier im lieblichen ehemaligen Vorderösterreich traten damals gar bald die Abgesandten der Revolution auf, und Absender der unerwünschten Avantgardisten war kein anderer als

das Kultusministerium in Stuttgart. Dieses stellte in jener Zeit des Lehrermangels noch jeden Lehrer ein, der sein Examen bestand und legte sich so einen recht buntschekkigen Bestand an Lehrerinnen und Lehrern zu, darunter natürlich auch recht viele sogenannte »Rote«.
Interessant waren damals die Versuche der antiautoritären Erziehung im Grund- und Hauptschulbereich, wie sie von einer bekannten Lehrerin, die wir Frau Beckbissinger nennen wollen, in einem schön gelegenen Teilort Horbs praktiziert wurden. Frau Beckbissinger hatte sich, von missionarischem Eifer beseelt, entschlossen, nicht von Tübingen aus nach Horb zu pendeln, sondern sich mitten im schwarzen Horb niederzulassen. Wie es sich für eine emanzipierte Frau gehört, hatte sie sich auch einen »Luxusmann« mitgebracht, in Gestalt eines schönen, langhaarigen ewigen Studenten, mit dem sie ein kleines, etwas heruntergekommenes Häuschen im Ortskern eines Horber Stadtteils bewohnte. Noch war ja die gute alte Zeit, wo die Horber Ortschaften nicht nur alle noch über ein Rathaus und eine Kirche, sondern auch über eine Schule verfügten.
Auf dem Lande ist es ja allgemein üblich, neu zugezogene Lehrerpaare sehr kritisch zu beobachten, und wer nicht über eine lupenreine Moral verfügt, soll besser gar nicht auf das Land ziehen, es sei denn, es ist ihm gleichgültig, was man über ihn redet. Diese »Frau Lehrer« und ihr Mann gaben aber dem interessierten Publikum gleich so viel Gesprächsstoff, daß man eigentlich die Polizeistunde hätte verlängern müssen, um den Stammtischen die Möglichkeit zu geben, die Tagesereignisse vollständig aufzuarbeiten.

Die antiautoritäre Erziehung der Horber Jugend war das erklärte Ziel der »engagierten Pädagogin«, wie sie von einzelnen zunächst noch wohlwollend bezeichnet wurde. Frau Beckbissinger orientierte sich bei ihrem Unterricht dabei an Erfahrungsgrundsätzen, die zum Beispiel lauteten: »Vier Fünfjährige reichen, um eine böse Großmutter zu verprügeln«, oder »Drei zwölfjährige Buben braucht man in der Regel, um den betrunkenen Vater in den Schuppen zu sperren«.

Rasch merkte unsere Erzieherin, daß die Grundschule für sie nicht der richtige Wirkungsbereich war. Die Gutartigkeit der Landkinder war so ausgeprägt, daß sie sich ihrem revolutionären Elan entzogen. So reichte es nur zu kleinen Nadelstichen gegen die Eltern. Das Poesiealbum der lieben Kleinen, seit uralten Zeiten ein Hort der Innerlichkeit an deutschen Schulen, wurde zu einem ideologischen Nebenkriegsschauplatz. Hatte es bei der alten Handarbeitslehrerin noch geheißen: »Sei wie das Veilchen im Moose, bescheiden, sittsam und rein, und nicht wie die stolze Rose, die stets bewundert will sein«, so hieß es jetzt kurz und trocken mit Bertolt Brecht: »Erst kommt das Fressen und dann die Moral.«

Mit der Moral der Frau Beckbissinger hatte es freilich eine besondere Bewandtnis. Sie entdeckte nämlich gar bald als wichtiges Infiltrationsgebiet den Sexualkundeunterricht in der Hauptschule. Der Landjugend hatte jahrtausendelang die Beobachtung des Viehs auf der Weide und der Vöglein auf dem Felde wertvolle Hinweise auf diesem nicht unwichtigen Gebiet gegeben, und man war auch in Horb schon zuvor ohne diesen Unterricht recht gut miteinander zurechtgekommen.

LOVE NO WAR
ATOM NEIN
MEHR FERIEN

Aber das Kultusministerium in Stuttgart bot die Einführung des Sexualkundeunterrichts dennoch für das ganze Land an. Die höhere Lebensqualität auf dem Lande besteht ja nicht zuletzt darin, daß die Gesetze und Vorschriften hier nicht ganz so ernst genommen werden wie in den Städten, aber so einfach konnte man sich an den einschlägigen Vorschriften auf diesem Gebiet auch im Raum Horb nicht vorbeimogeln. So war man im Kollegium froh, in Frau Beckbissinger eine Kollegin gefunden zu haben, die dieses ungewohnte Gebiet sogar sehr gerne unterrichten wollte.
Der damalige Kultusminister des Landes war ein vortrefflicher Mann von hoher Bildung und Integrität, doch wie jeder Mensch hatte er auch Fehler. Die »Bürgernähe« war nicht seine Stärke, und er war auch kein Fallschirmjäger-Reservist, so daß er von Spähtrupps in die pädagogische Provinz absah. Ein überraschender Besuch in seinen Schulen hätte ihm damals gar manches Matratzenlager gezeigt und da und dort wohl auch einschlägiges Anschauungsmaterial, wie man es seinerzeit im Unterricht so brauchte.
Der Widerstand der Bevölkerung gegen die linke Lehrerin und ihren faulen Mann wuchs unaufhörlich und erreichte seinen Höhepunkt, als Frau Beckbissinger im Gemeinschaftskundeunterricht mit ihren Hauptschülern, die wilde Plakate mit sich führten, mit lautem Gesang um das Schulhaus zog, um das Demonstrieren zu üben. Die Elternversammlungen wurden zum Tribunal. Der Volkszorn brandete bis zum Staatlichen Schulamt, und einzelne Eltern beschwerten sich sogar in Stuttgart. Überall zuckte man aber die Achseln, verwies auf die

böse Zeit und die Unkündbarkeit der Lebenszeitbeamtin. Auch in der Schule stieß die wackere Lehrkraft auf immer größere Schwierigkeiten, da die antiautoritäre Erziehung sich jetzt gegen sie selbst richtete. Vor dem Problem, sich oder die Horber zu ändern, resignierte sie schließlich und ließ sich nach Mannheim versetzen, wo der Bewußtseinsstand der Bevölkerung dem ihren mehr entsprach. So packte sie eines Tages ihren schönen Mann und ihre wenigen Habseligkeiten in ihren klapprigen Renault und fuhr ohne Abschiedsgruß an Horb davon. Und wenn sie nicht gestorben ist, dann lebt sie heute noch und ist womöglich Schulrätin geworden.

# Deutschlands faulster Beamter

Es ist zwar schon sehr lange her, daß Horb unter österreichischer Herrschaft stand, aber noch bis vor wenigen Jahren war ein Rest der liebenswürdigen Ausstrahlung der k.u.k.-Monarchie geblieben, zum Beispiel in der Gestalt des Regierungsrates Edwin Korff, der als stellvertretender Amtsleiter einer Horber Behörde seinen Dienst versah. Sein Chef, Regierungsdirektor Gutholz, war ein schneidiger Panzeroffizier der Reserve, notorischer Frühaufsteher und leidenschaftlicher Kegler, der nichts dabei fand, auch an ganz gewöhnlichen Werktagen im dunkelblauen Anzug mit Seidenkrawatte und Kavalierstuch im Amt herumzulaufen. Korff hingegen bevorzugte Cordhosen und Pullover, war passionierter Cellospieler und bereits äußerlich ein Kontrastprogramm zu seinem Vorgesetzten. Als Korff schon im vorgerückten Alter auf die Idee kam, doch noch Karriere zu machen und sich um eine andere Stelle bewarb, soll es dazu gekommen sein, daß Gutholz über seinen Kronprinzen vor Zeugen gesagt haben soll: »Hände weg von Korff, das ist Deutschlands faulster Beamter.« Korff hörte davon, schritt zur Privatklage wegen Beleidigung und rief das Amtsgericht Horb an. Der Amtsrichter, der daran gewöhnt war, daß man ihn

im Wege der Privatklage benötigte, wenn Frau Meier Frau Müller »blöde Sau« tituliert hatte oder auch umgekehrt, rieb sich vergnügt die Hände und dachte frohlockend: »endlich einmal etwas Rechtes«. Er zitierte die Kontrahenten vor das Gericht, und ein großes Publikum aus Beamten ihrer Behörde und interessierten Horbern versammelte sich.

Gutholz räumte ohne weiteres ein, daß er diese Äußerung getan hätte, doch Korff setzte sich mit Entschiedenheit zur Wehr. Er wolle doch nicht bestreiten, sagte Gutholz, daß er immer erst um 10 Uhr im Amt erschienen sei. Das sei richtig, meinte Korff, aber es könne ja wohl kaum Aufgabe des höheren Dienstes sein, den Berufsverkehr der Arbeiter und Angestellten noch zusätzlich zu belasten. Doch damit hatte er Gutholz erst richtig in Fahrt gebracht. Es wisse ja jeder im Amt, erklärte er dem staunenden Publikum, daß er selbst zum Unterschreiben der Bußgeldbescheide zu faul gewesen sei und oft nur einen Widerspruch im Monat erledigt habe.

Doch Korff blieb Herr der Situation. Was man im höheren Staatsdienst brauche, meinte er, sei nicht der Aktivist, der mit Verwaltungsakten um sich werfe, sondern der kreative Beamte. Muße aber sei der Nährboden der Kreativität. Viele Künstler würden nur eine Stunde am Tag arbeiten und bereiteten sich die übrige Zeit innerlich auf diese Stunde vor. Wer im heutigen Dickicht von Gesetzen, Verordnungen und Erlassen überhaupt noch etwas Vernünftiges bewirken wolle, müsse einem Künstler gleichgestellt werden, und Gutholz werde nicht bestreiten wollen, daß die Projekte, die er tatsächlich durchgeführt habe, schließlich alle gut gediehen seien.

Gutholz machte einen ersten Schritt zum Rückzug und monierte nochmals, daß Korff wenigstens die Bußgeldbescheide zügiger hätte unterschreiben können. Korff aber ließ sich nicht beirren. »Verwalten«, sagte er mit erhobener Stimme, »verwalten heißt, zielgerichtet handeln«. Das Ziel der Verwaltung könne aber nicht sein, möglichst viele Bürger zu ärgern, sondern möglichst wenige. Der Schock der Bußgeldandrohung reiche bei den meisten Bürgern zur Erziehung völlig aus, so daß er noch heute glaube, daß es mit den Bußgeldbescheiden nicht pressiere. Die meisten Bürger hätten überdies ohnehin eine Rechtsschutzversicherung und würden vor Gericht gehen, das den Krampf dann häufig wegen Geringfügigkeit einstelle. Im Ergebnis seien dann ein Haufen Akten und Beamte bewegt worden und geschehen sei doch nichts. Milde lächelte der Amtsrichter vor sich hin und dachte bei sich: »Im Grunde hat er gar nicht so unrecht«, und er beschloß, die Verhandlung so locker weiterlaufen zu lassen.

Gutholz betonte nochmals die geringe Quantität der Korffschen Arbeit, die nach württembergischen Maßstäben für ihn zweifellos das Prädikat »faul« rechtfertige. Doch Korff bekam allmählich Oberwasser. »Faul und faul ist zweierlei«, sagte er vor dem erstaunten Publikum. Es kommt entscheidend darauf an, ob ein Beamter »dumm und faul« oder »dumm und fleißig« oder »intelligent und fleißig«, oder, was nach seiner Überzeugung die höchste Stufe, nämlich »intelligent und faul« sei. Unruhe kam im Saal auf, und auch der Amtsrichter war etwas verunsichert.

»Der dumme und faule Beamte«, fuhr Korff fort, »hat in

Deutschland jahrhundertelang das Bild der Verwaltung in der Öffentlichkeit geprägt.« Dieser Typus habe sich dabei so bewährt, daß auch die Väter des Grundgesetzes die für ihn entwickelten »hergebrachten Grundsätze des Berufsbeamtentums« in das Grundgesetz übernommen hätten. Der Respekt vor der Verfassung komme daher auch dem dummen und faulen Beamten zu. Er sei in jeder Beziehung sympathischer und sozial viel erträglicher als der dumme und fleißige Beamte, der ein nationales Unglück darstelle. Dieser Typus schaffe viel, mache aber alles falsch und setze damit seine Vorgesetzten und die Bevölkerung einer starken Belastung aus.
Auch der intelligente und fleißige Beamte sei keinesfalls als Ideal anzustreben. Diese zum Glück seltenen Beamten brächten alles in Aufruhr und störten den natürlichen Verlauf der Dinge. Solche Juristen, die man nicht vermeiden könne, sollten in Gottes Namen Rechtsanwalt werden. Beim Regierungspräsidenten in Stuttgart könne man sehen, wo man hinkomme, wenn ein intelligenter und fleißiger Beamter einmal eine Spitzenstellung erreiche. Die Landräte und Bürgermeister seines Bezirks würden eine hohe Ablösesumme bezahlen, wenn sie ihn gegen einen intelligenten und faulen Präsidenten eintauschen könnten. Das Plädoyer Korffs in eigener Sache blieb nicht ohne Wirkung. Jeder im Saal überlegte, wie er selbst wohl einzustufen wäre, aber Gutholz faßte sich rasch und sagte schnell: »Aber Sie geben zu, daß Sie faul sind.« – »Wer A sagt, muß auch B sagen«, erwiderte Korff. »Wer mich als faul bezeichnet, muß mir auch Intelligenz zugestehen.« Der Amtsrichter, dem der Verhandlungslauf doch etwas atypisch vorkam, fand nun gleichwohl eine typische

Lösung für diesen Prozeß und schlug einen Vergleich vor. Korff triumphierte allerdings zu früh, denn sein Vorschlag, festzuhalten, daß er der intelligenteste und faulste Beamte Deutschlands sei, ging Gutholz doch zu weit, da er nur die Faulheit beurteilen könne.
So wurde dann ins Protokoll formuliert:

1. Der Privatbeklagte nimmt die Behauptung, der Privatkläger sei der »faulste Beamte Deutschlands«, zurück.
2. Der Privatbeklagte räumt ein, daß der Privatkläger nicht nur faul, sondern auch intelligent ist.

Der Gerichtssaal leerte sich nur langsam, und noch lange diskutierten die Beamten miteinander, die Korff vom Geschäft her kannten. Die Meinungen über den Prozeßverlauf waren geteilt, aber selbst Korffs größte Feinde meinten anerkennend: »'s isch halt doch a Schlitzohr, onser Korff.«

# Der Spieß als Unternehmer

Auch wenn die Lebensgemeinschaft der Dörfer im Schwarzwald und im Gäu heute wieder recht festgefügt erscheint, war auch diese Gegend unserer Heimat nach dem Kriege durch die Aufnahme vieler Heimatvertriebener aus dem Osten stark erschüttert worden. Einer von diesen Zuwanderern aus dem »großen Vaterland« war ein aufstrebender, energischer junger Mann, den wir Josef Pilsudski nennen wollen. In den frühen fünfziger Jahren schlug er sich als Bauarbeiter durch und sah wie so mancher seine große Chance, als 1956 die Bundeswehr aufgestellt wurde. »Soldaten wird man immer brauchen«, meinte er optimistisch und meldete sich freiwillig. Er erlebte in verschiedenen Garnisonen im ganzen Bundesgebiet die stürmischen Aufbaujahre der Bundeswehr, als die »alten Hasen« noch das Sagen hatten, und dann den tiefgreifenden Einschnitt im Sommer 1963, als die Nagolder Vorfälle die ganze Bundeswehr verunsicherten und in zwei Lager spalteten.

Jeder, der die Szene kennt, weiß, daß von da an der Stil der Truppe sich durchgreifend änderte. Der Typ des militärischen Führers und Unterführers wurde langsam aber systematisch ersetzt durch die »Verteidigungsbeamten« und »Verteidigungsbuchhalter«, die pünktlich ihre Berichte an Bataillon und Brigade lieferten, nie auffielen und den »Dienst nach Vorschrift« perfekt inszenierten. Es war die Zeit, in der man bei der Bundeswehr intern beschloß, daß es nie zum Kriege kommen dürfe, weil man ihm ja ohnehin nicht gewachsen wäre und man sich deshalb auch besser gar nicht allzuernst auf den »Verteidigungsfall« vorzubereiten brauche. Wichtig sei vielmehr, so lautete die heimliche Devise, daß die Offiziere, Unteroffiziere und Mannschaften möglichst, ohne sich gegenseitig weh zu tun, einigermaßen erfreulich über ihre Dienstzeit kämen.

Auch das äußere Bild der Bundeswehr wandelte sich sehr. Ein vorschriftsmäßig bekleideter Soldat im Straßenbild wurde zur Seltenheit, und auch die Gesänge der Soldaten änderten sich oder verstummten ganz. Hatten in den fünfziger und sechziger Jahren das »Panzerlied« und ähnliche Schlachtgesänge der Soldaten die Bürger erschreckt, so stellte die Bundeswehr im Zuge der Entspannung auf ziviles Liedgut um, und wenn man einmal noch in der Kaserne singen hörte, dann waren meistens Heino oder Roy Black die musikalischen Vorbilder.

Die alten Haudegen wurden immer saurer. Von Karriereposten längst abgeschnitten, sahen sie zähneknirschend zu, wie in der Bundeswehr die »weiche Welle« und das Freizeitdenken um sich griffen. Alle konnten sich aber mit dieser Wandlung nicht abfinden, und einer von ihnen war Josef Pilsudski. Er war wieder in den kleinen Ort am Schwarzwaldrand zurückgekehrt, der ihn 1946 aufgenommen hatte, und pendelte von dort zu seiner Böblinger Kaserne. Inzwischen hatte er es zum Kompaniefeldwebel gebracht, und als »Mutter der Kompanie« sorgte er dafür, daß der Laden lief. Wenig Verständnis hatte er für Kameraden, die sich mit den Worten verabschiedeten: »Hab' ich heut auch nichts gemacht, habe ich doch den Tag verbracht«, und um 15.58 Uhr locker aus dem Kompanieblock schlenderten. Da Pilsudski ein leistungsorientierter Mensch war, versuchte er zunächst, den Dienst zu straffen, resignierte aber bald, da außer ihm niemand ernstlich daran interessiert war. Schließlich fing er an, sich Gedanken zu machen, wie er die brachliegende Arbeitskraft seiner Kompanie anderweitig nutzbar machen könnte. Als er schließlich in seiner Heimatgemeinde ein Häuschen bauen wollte, kam er auf die rettende Idee. »Im Dienst«, sagte er sich, »habe ich praktisch keine vernüftige Arbeit für die Kameraden, wie wäre es denn, wenn ich sie nach Dienstschluß zur Leistung aktivierte?«

So stellte er sich eines Tages vor die Kompanie und sagte: »Kameraden, ich weiß es, euch stinkt's, der Sold ist schwach, die Verpflegung ist mäßig, und bei unsrem Nachschub ist selten etwas los. Ich kann euch aber etwas bieten, was ihr im Dienst nie geboten bekommt, nämlich eine vernünftige Arbeit und gerechten Lohn.« Die Kompanie, die zunächst, wie immer bei derartigen Ansprachen, vor sich hingedöst hatte, wurde wach. »Vernünftige Arbeit und gerechter Lohn«, das klang gut und erinnerte fast an das Zivilleben. »Kameraden«, fuhr der Spieß fort, »vernünftige Arbeit und gerechten Lohn bei freier Fahrt und Verpflegung biete ich für alle von euch aus handwerklichen Berufen, ab sofort ab 16 Uhr und am Wochenende auf meiner Baustelle.« Die Soldaten merkten auf.

Endlich Schluß mit dem Gammeln, frohlockten viele, und nur die Abiturienten waren traurig, weil sie keine handwerklichen Fähigkeiten hatten und wieder einmal die Lackierten waren.

Noch am gleichen Tag fuhr ein Trupp gelernter Maurer auf die Baustelle und ging hurtig an die Arbeit. Der »Spieß« erwies sich als Meister der Menschenführung und sorgte mit viel Bier und Scherzen für ein Arbeitsklima, wie es die Soldaten weder vom Bund noch vom Zivilleben her kannten. Die Baustelle Pilsudskis wurde zu einer »ersten Adresse« für militärische Schwarzarbeiter, die froh waren, wenigstens nach Dienst ihre ungebrochene Leistungskraft unter Beweis stellen zu dürfen. Selbst die große Schar der »Innendienstkranken« und »Marsch- und Sportbefreiten« legte großen Wert darauf, wenigstens nach Dienst wieder voll dienstfähig zu sein, und zügig ging der Bau voran. Das Richtfest, das in Form eines Kompanieabends gefeiert wurde, wurde für alle Mannschaften der Höhepunkt ihrer Dienstzeit beim Bund.

Auch wenn sein Kompaniechef Pilsudskis Freizeitaktivitäten mit gemischten Gefühlen sah, konnte er ihm doch nichts am Zeug flicken. Der Spieß versah seinen Dienst stets korrekt, und die Kompanie war insgesamt motivierter als in der Zeit, bevor die Bauarbeiten begonnen hatten. Wie auch bei vielen Beamten, wurde bei den Nachschubsoldaten deutlich, daß sich dienstliche Frustrationen eben leichter ertragen lassen, wenn man über eine sinnvoll ausgefüllte Freizeit verfügt.

Bald war das Haus des Kompaniefeldwebels fertig, aber er beschloß, gar nicht erst einzuziehen, zumal er sehr günstig zur Miete wohnte. Still und leise hatte er sich inzwischen noch drei Bauplätze gekauft. Er verkaufte das gerade fertiggestellte Haus mit großem Gewinn und fing mit dem Erlös an, zwei weitere Einfamilienhäuser mit seinen Mannen zu bauen. Die Handwerker der Umgebung wurden auf die »Staatsgammler« immer zorniger, aber das »Böblinger Modell« funktionierte so gut und war bei seinen Teilnehmern so beliebt, daß Pilsudski in wenigen Jahren auf diese Weise nicht weniger als fünf Häuser erstellte.

Da mit dem Wohlstand auch das Ansehen eines Menschen steigt, wurde der einstmals »hergelaufene« Pilsudski in seiner Gemeinde ein angesehener Mann und auch mit hoher Stimmenzahl in den Ortschaftsrat gewählt, wo er sich insbesondere um die Baulanderschließung kümmerte. Als ihn sein Ortsvorsteher einmal beiseite nahm und fragte, ob er nicht einmal aufhören wolle, anderen Leuten das Geschäft wegzunehmen, meinte er lachend: »Dienst ist Dienst, und Hausbau ist Hausbau. Wenn endlich eine Garnison nach Horb kommt, lasse ich mich sofort versetzen, dann haben wir nur noch den halben Weg und fangen erst richtig an. Der Dienst bei der Bundeswehr soll für die Wehrpflichtigen ja schließlich auch einen Sinn haben, oder etwa nicht?«

# Die Trennung à la Horb ...

Baden-Württemberg ist ein gelobtes Land. Es wird nicht nur von seinen Politikern hoch gelobt, sondern sein Ruhm strahlt bis in die hintersten Ecken der Bundesrepublik. So ist es kein Wunder, daß überall die Bevölkerung stagniert oder zurückgeht, während der goldene Südwesten noch stattliche Wanderungsgewinne aufweist. Schon spricht man in Stuttgart vom »Kalifornien-Effekt« des Landes, wenngleich trotz aller Bemühungen der Landesregierung die Sonne hier doch noch immer nicht ganz so häufig scheinen will wie im richtigen Kalifornien. Der Schwarzwald hatte ja schon immer eine hohe Anziehungskraft auf Asthmatiker aus dem ganzen Bundesgebiet. Landesweit wirkte sich aber in den letzten Jahrzehnten vor allem auch der Zustrom von vielen Jungakademikern aus, die hier im hochschulreichsten Bundesland studierten und es vorzogen, nach Abschluß ihrer Studien nicht mehr in die nördliche Tundra zurückzukehren. Zu Tausenden blieben sie im Land der Spätzle, dessen Lebensart diese »Preußen« meist sehr schnell kennen und schätzen gelernt hatten.

Eine von diesen Zuwanderern war Anette Kolb aus dem Harzvorland, die nach ihrem Examen an einer Realschule im Kreis Freudenstadt unterrichtete. Der Schwarzwald erinnerte sie an ihren heimischen Harz, und sie fühlte sich recht wohl, zumal sie bei gelegentlichen Besuchen in ihrer Heimat mit Schaudern vom Verwildern der Schulsitten im hohen Norden hörte. Mit Engagement versah sie ihren Dienst an der Schule und traf ihre Unterrichtsvorbereitungen mit ungewöhnlicher Sorgfalt bis in die späten Abendstunden.

Jedoch, sosehr die Schule ihren Kopf beschäftigte, ihr Herz blieb leer. Sie war schon Ende 20 und ein adrettes Persönchen, aber den richtigen Mann hatte sie eben noch nicht gefunden. Einmal schrieb sie auf ein Inserat und traf sich mit einem Herrn in einem Stuttgarter Café. Aber dieser Heiratswillige sprach vor allem von seinen Bauplänen und erkundigte sich unverblümt nach ihren Bausparverträgen, so daß sie sich recht schnell wieder in ihren alten Käfer setzte und nach Hause fuhr. Auch an ihrer Schule wollte sich nichts Rechtes finden. Zwar gab es hie und da mehr oder weniger versteckte Angebote, aber an einem Techtelmechtel war ihr nicht gelegen, und der Mann fürs Leben war nicht dabei.

Auf einer Fortbildungsveranstaltung lernte sie dann einen Kollegen aus der Gegend kennen, der ihr zunächst gar nicht gefiel. Aber nach dem Grundsatz der Damenwelt, man muß auch manche Einladung von unsympathischen Männern annehmen, um dadurch sympathische kennenzulernen, folgte sie ihm willig auf ein Fest seiner Verbindung nach Tübingen, wo er ein paar Semester studiert hatte. Und siehe da, Peter S., wie wir ihn nennen wollen, erwies sich als gar nicht so unsympathisch, wie sie zunächst angenommen hatte. Er war zwar katholisch, während sie lutherisch getauft war, und er strahlte auch nicht gerade viel Fröhlichkeit aus, aber er erschien ihr doch durch und durch seriös zu sein, worüber man als Junggesellin in ihren Jahren ja schon recht froh ist.

Am Tag nach dem Ball hielt sie mit ihrer Freundin Sigrid, die gleichfalls vom Norden her eingewandert und schon ein paar Jahre unter der Haube war, Kriegsrat. »Das große Los ist der Peter sicher nicht«, meinte Anette, »aber an die große Liebe glaube ich sowieso allmählich nicht mehr.« Sigrid pflichtete ihr bei und versicherte ihr, die große Liebe gäbe es praktisch nur noch in Romanen, und wenn ihr der Peter an sich gefalle und er einen einigermaßen anständigen Charakter habe, könnte sie sich schon vorstellen, daß aus dieser Sache etwas werde, der Markt werde ja im Lauf der Zeit schließlich auch nicht besser.

So kamen die Freundinnen zu dem Entschluß, daß Anette die Sache mit Peter weiter betreiben solle. Man verabredete sich ins Konzert, ging ins Kino und erlebte die Freuden der Vorverlobungszeit.

»Weißt du«, sagte Anette eines Tages zu Sigrid, »daß Peter katholisch ist, hat mich eigentlich schon gestört, du weißt ja, was man bei uns zu Haus über die Katholiken sagt, aber Peter hat mir das so ein bißchen erklärt, und mit der Maria, das finde ich echt gut, und die Heiligenverehrung ist ja auch ganz putzig. Er müßte allerdings dann auch bereit sein, eine Mischehe zu führen, die Kinder könnten von mir aus dann ruhig katholisch erzogen werden.« Kurz danach stellte Peter fest, es sei jetzt höchste Zeit dafür, daß er endlich seine Braut in spe einmal seinen Eltern vorstelle.

An einem Januarsonntag war es dann soweit. Anette zog ihr schickes graues Kostüm mit dem roten Krägelchen an, das sie für teures Geld gekauft hatte, und das ihr laut Sigrid ganz besonders gut stand. Zuvor hatte sie ganz außer der Reihe noch ihren VW waschen und eine abgefallene Zierleiste erneuern lassen, um ja nicht einen schlampigen Eindruck bei den künftigen Schwiegereltern zu machen.

Peter stand schon auf der Straße, als sie Punkt 15 Uhr vor dem alten, aber ordentlichen Anwesen seiner Eltern hielt. »So, Schätzle«, sagte er, »sei no net aufgregt. I han scho vo dir verzehlt ond sie hend an guata Eidruck vo dir, jetzt komm, heit miassa mer hendarom, mir hend gmetzget, drom kenna mir heit net durch da Souterrain.« Anette, die schon leichtes Herzklopfen hatte, fing doch an, sich zu wundern, als er sie um einen großen Garten herum zu einem Hintereingang führte. »Macht ihr wegen dem Schlachten immer solche Umwege«, fragte sie ihren Peter ahnungslos. »Mir net«, sagte dieser etwas verlegen, »aber du woisch jo, was die Woch mit dir los isch. An alter Brauch sagt halt, daß so a Frau net durch d' Wurschtkiche geh derf.«

»Und warum nicht«, meinte Anette verwundert. »Woisch, Anette, des kann dir do a jeder Metzger saga, 's hoißt halt, daß sonscht 's Fleisch verdirbt ond d' Wurschtbüchse uffganget.« – »So«, meinte Anette spitz, »jetzt hast du Angst, daß wegen mir deine Wurstbüchsen aufgehen, du hast ja schöne Sorgen.«

Peter war jetzt ärgerlich und verlegen zugleich und sagte: »Ha, wie soll i dirs au erklära, 's isch halt a alte Überlieferung, ond woisch, wenn du so a Sau a ganzes Jahr lang aufziehsch, no kriagsch fascht a inners Verhältnis zu so 'ma Viech, ond no willsch nochher halt au no ebbes d'vo han ond net bloß da Ärger.« Aber Peter wußte noch nicht, was er mit seiner Rede für Scherereien einhandeln sollte. Wären nicht seine alten Eltern ihnen schon entgegengekommen, Anette wäre auf der Stelle wieder heimgefahren. So saß sie noch eineinviertel Stunden einsilbig im Kreis der biederen Familie herum, aß mit Mühe zwei Stück Marmorkuchen und hatte nur einen Gedanken: »Jetzt Schluß, nur raus hier!« Als sie sich endlich entfernen konnte, fuhr sie schnurstracks zu ihrer Freundin Sigrid und erzählte ihr brühwarm die ganze Begebenheit. »So was gibt's ja nur noch hier«, entfuhr es ihr. »Man kann ja über die norddeutschen Männer sagen, was man will, aber daß sie das Wohl ihrer Wurstbüchsen über das ihrer Frauen stellen, das habe ich noch nie gehört. Die Sache mit Peter ist aus. Lieber bleibe ich ledig!«

# Die Senkrechtbestattung

Zu den Eigentümlichkeiten des Kreises Freudenstadt gehören insbesondere im westlichen Teil des Landkreises die vielen Zuwanderer im Pensionsalter aus dem Westen und Norden der Bundesrepublik, die oft nach einem Leben in Unwirtlichkeit wenigstens ihren Lebensabend in einer freundlichen Umgebung verbringen wollen. Zu dieser Gruppe von Kreisbewohnern gehörten auch die Eheleute Fritz und Anneliese Meineke, die aus Essen stammten. Fritz hatte es dort zum Obersteiger gebracht und war, wie die meisten Bergleute, vorzeitig invalidiert worden. Anneliese war in der Kantine seiner Zeche beschäftigt gewesen, und da sie keine Kinder hatten und sie nichts an das Ruhrgebiet band, realisierten sie ihren Lebenstraum und kauften sich eine kleine Eigentumswohnung in einer Gemeinde des Murgtals.
Während sie die ersten Monate als einen fortgesetzten Urlaub empfanden, merkten sie bald doch, wie isoliert sie im Vergleich zu früher waren. Freudig begrüßten sie ab und zu Urlauber aus dem Kohlenpott und lebten für Stunden wieder auf. So waren ihre Tage recht freudlos, während abends das Fernsehen für ihre Gleichschaltung mit der übrigen Nation sorgte. Die beiden hätten so noch

lange, wenn schon nicht in Freuden, so doch ohne Sorgen leben können, wenn sich nicht bei Anneliese eine bösartige Geschwulst eingestellt hätte, die schon ein Jahr nach dem Auftreten zu ihrem Tode führen sollte.
Sehr klein war die Trauergemeinde, die am Sarg von Anneliese Meineke stand, denn außer den unmittelbaren Nachbarn und einer erbbegierigen Cousine, die eigens aus Dortmund angereist war, hatte sich kaum jemand auf dem kleinen Friedhof eingefunden. Der Tod des Ehepartners ruft erfahrungsgemäß bei jedem Menschen eine große Krise hervor, für Fritz Meineke kam aber ein Umstand hinzu, der sein Leben fatal verändern sollte. Fritz hatte ein Doppelgrab erworben und sich dabei über den hohen Preis geärgert. Ein Gedanke, der ihm schon vor Jahren bei der Beerdigung seines Vaters in Gelsenkirchen gekommen war, den er damals aber nicht weiterverfolgt hatte, drängte sich ihm plötzlich wieder auf: »Hätte man sie senkrecht statt waagrecht begraben, wäre man mit einem Viertel der Fläche ausgekommen«, ging es ihm immer wieder durch den Kopf.
Nachdem der erste Schock der Beerdigung vorbei war und sich ein wenn auch recht trauriger und eintöniger Tagesablauf herausbildete, griff er die Idee der Senkrechtbestattung wieder auf.
Wie es sich gehört, sprach er zunächst auf dem Rathaus beim Ortsvorsteher vor. Dieser glaubte zunächst an einen Faschingsscherz, als ihm Meineke vorschlug, das Bestattungswesen im Ort auf die Senkrechtbestattung umzustellen. Der ehemalige Bergmann erklärte ihm wortreich, der Landverbrauch und die hohen Kosten würden in einem dichtbesiedelten Land wie der Bundesrepublik

geradezu dazu zwingen, auf die Senkrechtbestattung überzugehen. Aber der Ortsvorsteher meinte lächelnd, so dicht besiedelt sei das Murgtal noch lange nicht, daß man seinen Bewohnern für das Jenseits nur noch einen Stehplatz anbieten könne, man beerdige hier seit jeher horizontal, und dabei wolle man auch bleiben. Enttäuscht ob dieser Verständnislosigkeit für die Problematik zog Meineke wieder von dannen, aber er hatte auch schon von dem schwäbischen Grundsatz gehört: »Man muß zum Schmied gehen und nicht zum Schmiedle.« Da damals im Lande gerade die Aktion »Bürgernähe« lief, schrieb er einen langen Brief an den Ministerpräsidenten des Landes.

Ausführlich legte Fritz die Vorteile der Senkrechtbestattung dar und verwies wieder insbesondere auf den hohen Landverbrauch und die große finanzielle Belastung der Hinterbliebenen durch die traditionelle Horizontalbestattung. Erstaunlich schnell erhielt er eine Antwort aus dem Staatsministerium in Stuttgart, in der es hieß: Der Herr Ministerpräsident habe mit großem Interesse von den Ausführungen Meinekes zur Senkrechtbestattung Kenntnis genommen. Sachlich zuständig sei aber das Innenministerium, weshalb man die Angelegenheit dorthin abgegeben habe, und von wo er auch weitere Nachricht erhalten werde.

Täglich wartete Meineke sehnsüchtig auf diese Nachricht, bis er die Geduld verlor und sich sagte, schließlich geht es um ein Problem, das das ganze Land angeht, und entsprechend an den Bundeskanzler schrieb. Nach mehreren Wochen erhielt er ein kurzes Schreiben, in dem in dürren Worten festgestellt wurde, nur die Feuerbestat-

tung sowie die Sorge für die Kriegsgräber (Art. 74 Ziff. 10 GG, Gräbergesetz vom 1. Juli 1965) seien reichs- beziehungsweise bundesrechtlich geregelt. Die Senkrechtbestattung falle deshalb in die Kompetenz des Landesgesetzgebers, weshalb ihm empfohlen werde, mit der Landesregierung beziehungsweise mit dem Landtag von Baden-Württemberg Kontakt aufzunehmen.
Fritz sah allmählich rot. »Da zerbricht man sich als Bürger den Kopf, wie die Mißstände im Staat beseitigt werden können, und die Behörden schieben die Verantwortung nur so umher«, dachte er sich verärgert. Aber er gab nicht auf. Zeit hatte er genug, und so schrieb er an den höchsten Mann im Staate, den Bundespräsidenten. Zwar gibt es in jedem Ministerium abgefeimte Ministerialbeamte, die auf Vorgänge, die ihnen nicht ganz koscher erscheinen, einfach die bürokratische Zauberformel »ZdA« schreiben, was da heißt, daß der Vorgang »Zu den Akten« kommt, also in der Regel auf Nimmerwiedersehen in der Registratur verschwindet.
Doch im Bundespräsidialamt in Bonn ist man weit davon entfernt, derartige Vorgänge »Zu den Akten« zu schreiben. Vielmehr erhielt Meineke von dort eine ausgefeilte Stellungnahme, in der es unter anderem hieß: Schon unter Josef II. von Österreich habe man im Zuge des Josefinismus versucht, die Senkrechtbestattung in Österreich einzuführen, was aber gescheitert sei. Dem abendländischen Empfinden entspreche es seit jeher, liegend der Auferstehung zu harren. Richtig sei, daß im Frühneolithikum die Hockergräber üblich gewesen seien, jedoch könne man nach so langer Zeit an diese Tradition nicht mehr anknüpfen. Meineke stand etwas ratlos vor den

schönen Ausführungen, die sich mit seinen umwelt- und finanzpolitischen Erwägungen gar nicht auseinandersetzten. Noch immer hatte das Innenministerium nicht geantwortet, weil es erst Berichte der Regierungspräsidien angefordert hatte, die wiederum die Landratsämter befragen mußten, und auch die kommunalen Landesverbände mußten noch gehört werden. Fritz beschloß, jetzt aufs Ganze zu gehen und legte seine Argumente brieflich dem Europarat und dem Generalsekretär der Vereinten Nationen vor. Täglich wartete er ungeduldig auf das Erscheinen des Briefträgers, aber eine Antwort stellte sich nicht ein.

Seine Verbitterung wurde maßlos. Längst war die Senkrechtbestattung zur beherrschenden fixen Idee für ihn geworden, und er zweifelte am Verstand der Menschheit und ihrer Politiker, die die Vorteile seines »Systems«, wie er es nannte, nicht einsehen wollten. In einem Anfall von Verzweiflung nahm er eines Novemberabends eine Überdosis Schlaftabletten und setzte seinem Leben ein Ende. In bescheidenstem Rahmen wurde er dann neben seiner Frau zu Grabe gelegt: horizontal.

# Der Professor wider Willen

In einem aufstrebenden Kurort des Landkreises Freudenstadt ereignete sich vor wenigen Jahren eine Geschichte, wie sie auch da und dort passieren könnte, wie sie aber vorzugsweise im Schwarzwald geschieht. Ein junger Goldschmiedemeister, den wir Rudolf Pfisterer nennen wollen, wollte sich mit seinem Freund, Heinz Schenk, einem gleichfalls jungen Gesellen dieser altehrwürdigen Zunft, selbständig machen. »Je ärmer 's Leba bei ons wird, om so wichtiger wird der Schmuck«, sagten sich die beiden, »ond d' Kurgäscht wisset sowieso net, was se mit ihrer Zeit ond ihrem Geld afange solle.« So rechneten sie sich gute Geschäftschancen aus und beschlossen, ans Werk zu gehen.

Ein Ladenlokal und ansprechende Ware waren rasch gefunden, aber wie eine Firma gründen? »An Steuerberater brauche mer sowieso, ond no kann der ons glei sage, wia mer so a Gschäft aufmacht«, meinte Pfisterer und machte sich auf die Suche nach einem Vertreter dieser erlauchten Wissenschaft. Er landete aufgrund einer Empfehlung seines Stammwirts bei Adalbert Höpfig, der mit diesem verschwägert war.

Besser hätte er es zunächst auch gar nicht treffen können,

denn Höpfig betonte, er sei ein Mann von Welt und kenne die Gepflogenheiten des großen Geschäfts. So hätte denn auch ein weniger bedarfter Steuerberater den beiden vielleicht geraten, eine Gesellschaft bürgerlichen Rechts zu gründen, aber mit so etwas gab sich Höpfig gar nicht ab. »Wer sich heute halten will, muß die Haftung begrenzen«, sagte er und schlug dem ahnungslosen Pfisterer eine GmbH und Co. KG vor. Er selbst habe im übrigen schon immer eine Schwäche für das Schmuckgewerbe gehabt, könne dieser Neigung aber aus standesrechtlichen Gründen nicht nachgehen. Er sei aber bereit, sich mit 50000 Mark zu engagieren, und auch seine im Büro mitarbeitende Verlobte sei bereit, Kommanditistin zu werden. In seinen Nebenstunden sei er im übrigen gern bereit, mit Rat und Tat im Geschäft hinter den Kulissen mitzuwirken. Pfisterer war erstaunt über dieses Engagement, »aber schaden kann es nicht«, dachte er sich und willigte in alles ein.

Eines müsse er ihm aber gleich sagen, meinte Höpfig, man müsse in einem aufstrebenden Kurort auch das internationale Publikum beachten. Dies setze voraus, daß das Wort »Schmuck« in allen Auslagen und im Geschäftsverkehr durch »Bijouterie« ersetzt würde. Vor allem sei das Renommee der Firma heutzutage davon abhängig, daß sich Pfisterer den Professorentitel zulege, denn das standesbewußte Publikum lege heute Wert darauf, auch beim Kauf von Schmuck von einem Professor beraten zu werden. Pfisterer meinte zaghaft, ob das denn gehe, er habe doch gar nicht studiert, aber Höpfig gab sich sicher. Auch an den Fachhochschulen des Landes gäbe es heute Professoren, die nur mittlere Reife hätten, und er habe

eine todsichere Bezugsquelle für Professorentitel. Im übrigen gäbe es in Baden-Württemberg schon über 6000 Professoren, da komme es auf sie beide nicht mehr an. Der junge Meister erkundigte sich vorsichtig, ob das über den Konsul Weyer laufe, von dem er schon einiges gehört habe. Aber Höpfig beruhigte ihn, es handele sich um ganz normale Universitätstitel, die allerdings von einer amerikanischen Universität stammten, die nicht so bürokratisch vorgehe wie die deutschen Hochschulen mit ihrer Pingeligkeit. Er habe seit langem vor, bei der »Cooperating University of America« Wilson and Selma, North Carolina, USA, für sich den Professor der Wirtschaft oder »of economics«, wie es auf englisch heiße, zu bestellen. Da könne er ja gleich eine Sammelbestellung machen und für Pfisterer den »Professor of art«, d. h. der Kunst, mitbestellen. Dies würde statt zweimal 10000 dann nur 16000 Mark kosten, und er würde dies aus seiner Einlage bezahlen, so daß es Pfisterer praktisch gar nichts kosten würde.
»Umsonst ist der Tod«, dachte sich dieser, hatte aber noch letzte Zweifel und schlug vorsichtig vor, auch für seinen Freund Heinz Schenk einen Professorentitel mitzubestellen, damit es in der Firma einheitlich zugehe. Aber da geriet Höpfig in Wallung. »Des woiß doch a jeder do, daß der Schenk en der Grondschul sitzablieba isch, aus dem kann mer doch net au no an Professor mache, sonscht hot mer jo vor onserm Titel gar kein Reschpekt meh«, sagte er verärgert. »So Leit wie dem Schenk kasch vielleicht bis ema Weile der Doktortitel verpassa, aber was hot au an Ma en der Werkstatt davo. Jetzt kommt's z'erscht amol druff a, daß Sie als Professor für Goldschmiedekunscht

bekannt werdet. No lauft der Lada, ond wenn Sie sich's recht überleget, koscht Sie's jo kein Pfennig.« Schließlich ließ sich unser Jungunternehmer breitschlagen, und Höpfig gab unter Beifügung eines Schecks über 16000 Mark seine Sammelbestellung bei der »Cooperating University of America« auf.

Diese verhielt sich in der Tat sehr kooperativ, denn schon vier Wochen später kamen wunderschöne farbig gedruckte und dick gesiegelte Urkunden bei Höpfig an, und er händigte bei einem Glas Sekt Pfisterer feierlich seine Ernennung zum »Professor of art« aus. Jetzt müsse er aber mit seinem Pfunde wuchern, meinte er und verdonnerte seinen jungen Geschäftspartner dazu, sich auch am Telefon nur noch mit »Professor Pfisterer« zu melden.

Da dieser aber, wie die Schwarzwälder nun einmal sind, letztlich ein Mensch von schlichter und bescheidener Gemütsart war, konnte er ein gewisses Unbehagen an dem neuen Titel nicht unterdrücken, und so meldete er sich stets stark nuschelnd mit »Prosr Pfisterer«. Die meisten Anrufer verstanden »Horst Pfisterer« oder so ähnlich und wunderten sich nicht weiter. Und doch war auch dies schon zuviel. Denn als einmal sein Vater, ein Landwirt aus Furtwangen, anrief und hörte, wie sich sein Sohn meldete, sagte er nur: »Ja was, bisch du jetzt Professor worda? Aber des sag i dir glei, solang wie du Professor bisch, brauchsch du mir gar nemme heimkomma.«

# Frau Hirrlinger und die Liebe

Zu den gesellschaftlichen Besonderheiten unserer Zeit, deren Tragweite man in der Provinz oder wie man heute schonender sagt, in den Regionen noch nicht voll erkannt hat, gehört auch die Emanzipation der Frau. Allerdings haben auch auf dem Lande schon viele Männer mit Gruseln von Frauen mit drei Kindern gehört, die Anfang 40 Mann und Kinder im Stich lassen und beginnen, Psychologie zu studieren. In einer Zeit, in der so unerhörte Begebenheiten vorkommen, ist es bemerkenswert und beruhigend, daß es bei uns auch heute noch Frauen gibt, die ihre Rolle als Frau und Mutter so kultivieren, daß eine Emanzipation eigener Art daraus entsteht. Eine solche Frau ist die Heldin unserer Geschichte, die in den sechziger Jahren im »Hechinger Zipfel« wohnte.
Wer diesen Landstrich kennt, der früher den Kreis Horb in einen Sulzer und einen Horber Bezirk teilte, der weiß, daß dieser zu den liebenswertesten und lebenswertesten Gegenden weit und breit gehört. Eine besondere Schönheit des »Korridors« bildete damals die junge Angelika Riexinger, die schon im jugendlichen Alter von 17 Jahren einen Staatsbeamten heiratete, den sein Dienst nicht sehr strapazierte, und der sich um so mehr seiner schönen

Frau widmen konnte. Die Folgen waren schon bald sichtbar, und schon sieben Monate nach der Hochzeit wurde Angelika, die jetzt Hirrlinger hieß, in einer bemerkenswert leichten Geburt von einem strammen Jungen entbunden. »Für a Siebemonatskindle siehts reichlich austrage aus«, meinten die Nachbarn skeptisch, aber Angelika scherte sich nicht um das Geschwätz und wurde bald darauf wieder schwanger.

»Elle Johr zwoi Kinder, elle Johr zwoi Kinder, eins im Frühling, eins im Winter«, scherzte man im Flecken gehässig über die Hirrlingers, aber ungeniert zog Angelika mit ihrem Kinderwagen durchs Dorf und strahlte soviel Lebensfreude aus, daß insbesondere die älteren Frauen im Ort alle ärgerlich wurden, während die Blicke der Männer recht wohlgefällig auf ihr ruhten, war sie doch mit ihren hochhackigen Schuhen und schönen Beinen noch immer ein sehr reizvoller Anblick. Alsbald kam sie wieder ohne viel Aufwand mit einem kleinen Mädchen nieder. Ihre Hauswirtin gratulierte ihr nicht allzu fröhlich, als sie aus dem Krankenhaus ankam und sprach halb im Scherz, halb im Ernst die goldene Regel aus, an die sich die meisten Frauen im Dorf gehalten hatten: »So ist's recht, so ist's recht, a Mädle ond en Bua, no macht mer zua.«

Aber da kam sie an die Falsche. Angelika, die schon wieder recht lebendig war, antwortete ihr mit Nachdruck: »A was, no lang net, no lang net, wisset Se, mei Mann sagt älleweil, 's gibt heut keine Abenteuer mehr auf der Welt, 's Geld kriagsch praktisch vo selber, gege Feier ond Wasser kenne mer ons versichera, der Strom kommt sowieso ins Haus, des letschte Abenteuer, wo da Men-

sche no blieba isch, isch d' Liebe, ha ond mei Willi ond i send onds da einig, bei dem Abenteuer send mir beide voll dabei.« Der Wirtin verschlug es fast die Sprache bei diesen frivolen Redensarten, aber sie tröstete sich im stillen damit, daß, wenn es so weiterginge, den Hirrlingers die Wohnung bald zu klein würde und sie dann diese Gesellschaft wohl los würde.

Und so ging es weiter. Nach einem Jahr kam das dritte Kind, diesmal wieder ein kleines Mädchen. Stolz führte Angelika ihre jüngste Leibesfrucht im Kinderwagen aus, der schon die zweite Bereifung hatte, und die beiden älteren Kinder wanderten an der Hand der Mutter nebenher. Sie hatte damals die Idee, sich und die Kinder immer in den gleichen Farben anzuziehen, und so kamen die Hirrlingers stets im Pulk und immer hübsch einheitlich rosa oder blau oder grün gekleidet dahergezogen und wurden allmählich zu einem wandernden Wahrzeichen der Gegend.

Obwohl Willi als mittlerer Beamter finanziell nicht gerade auf Rosen gebettet war, sorgten die Segnungen des Beamtenrechts doch dafür, daß er mit seiner Familie gut über die Runden kam, und so entschlossen sich die beiden rasch zu einem vierten und noch einem fünften Kind, die sich fahrplanmäßig und mit der gewohnten Leichtigkeit bei Angelika einstellten. Die Lebensfreude und Vitalität der Hirrlingers blieb zwangsläufig nicht ohne Neider, und so sagte die Frau des Bürgermeisters einmal nicht gerade freundlich zu ihr: »Saget Sie amol, hend ihr eigentlich no nie ebbes vo der Pille ghert oder könnet ihr se euch am End net leischta?« Aber Angelika lachte nur. »Pille«, sagte sie, »zo was au d' Pille. Entweder will i an

der Liebe alles oder gar nix. Ond ieberhaupt, erschtens isch es sche ond zweitens isch au der Papscht dafür.«
Das war der Bürgermeisterin dann doch zuviel, daß da eine fünf Kinder aufzog und am Kinderkriegen auch noch Spaß hatte, das war ja gewissermaßen gegen die Spielregeln, die sich im Laufe der Jahrhunderte herausgebildet hatten. Aber das Staunen der Dorfgemeinde wurde noch größer, als sich bei den Hirrlingers noch ein sechstes und ein siebtes Kind einstellte. Inzwischen hatten sie längst ihr erstes Quartier aufgegeben und bewohnten ein kleines Haus am Rande des Ortes. Von diesem Hauptquartier aus unternahm Frau Hirrlinger mit ihren Kindern schön uni gekleidet ihre Expeditionen in das Dorfinnere oder sogar gelegentlich über die Kreisgrenze hinaus bis nach Horb. Als die Hot-pants-Mode aufkam, war sie es, die die heißesten Hot pants der Region dem staunenden Dorfpublikum vorstellte, denn ihre Figur war durch sieben Kinder nicht beeinträchtigt worden, und viele meinten, sie wäre durch die Kinder erst richtig rassig geworden.
Allmählich wurde es ihnen aber zu Hause doch zu eng, und da sie noch jung und aktiv waren, beschlossen die Hirrlingers, nach Kanada auszuwandern, ein Plan, den damals viele hatten, aber nur wenige ausführten. Willi nahm seinen Jahresurlaub und fuhr wohlversehen mit Bargeld und Scheckbüchle erst mal bis nach Hamburg, um die Lage zu erkunden. Wie für jeden Provinzbewohner ungeschriebenes Gesetz, erkundete er die Lage aber zunächst einmal auf St. Pauli, und er tat dies gründlich. So besuchte er nicht nur »vornehme« Nachtlokale wie das »Tabu« und das »Kolibri«, die selbst den Herren von der

Offiziersschule offiziell empfohlen wurden, sondern studierte auch in der Kastanienallee und der Herbertstraße die Infrastruktur dieses Viertels, das zum Ruhm Hamburgs noch heute erheblich mehr beiträgt als zum Beispiel die Hamburger Universität.
Doch wie er sich auch umsah, mit Angelika konnte sich keine messen. »Im Duft der großen weiten Welt« schmolzen die Ersparnisse rasch dahin, und bei der heimischen Sparda trudelte ein Scheck nach dem anderen ein, so daß seine Rückkehr absehbar war. Eines Tages stand er dann auch wieder müde und abgekämpft vor seiner Frau und sagte resigniert: »I han mer's amol aguggt, aber i glaub, daß mir's halt so machet, wia dr'sell, wo gsagt hat: ›Bleib em Land ond friß Rettich‹.« Und so taten sie es auch.
Neun Monate darauf krönte ein achtes Kind die Familie, worüber sich schon niemand mehr aufregte. Wären sie dann nicht weggezogen, so lebten die Hirrlingers noch immer im früheren Hechinger Korridor, und die Straßenwärter würden beim Anblick von Angelika und ihren Kindern weiter mit der Schaufel salutieren.

# Der Bauraschultes

Zu den unseligen Reformen in unserem Land gehört nach dem Urteil von Experten auch die Verwaltungsreform der siebziger Jahre, die jahrhundertealte Grenzen und Strukturen beseitigte und dafür neue großformatige und bürgerferne Verwaltungseinheiten schuf. Die Behörden zogen sich damals vom Land zurück, und statt dessen kamen unter der Devise der »Bürgernähe« die Politiker vermehrt zu Besuchen in die Regionen gereist, was freilich ein schwacher Trost war. Auch wenn es kein erklärtes Ziel dieser Reform war, war es doch eine direkte Folge von ihr, daß die letzten Idyllen der Verwaltung verschwanden. Solche Idyllen hatten sich bis dahin insbesondere bei all den kleinen Gemeinden erhalten, die keinen hauptamtlichen Bürgermeister hatten, sondern von einem »Bauraschultes« zusammengehalten wurden. Einer von diesen, den wir Dominikus Kreidler nennen wollen, residierte fast bis zum Schicksalsjahr 1973 in einer kleinen Gemeinde im Neckartal. Während hauptamtliche Bürgermeister gern danach trachten, sich Denkmäler zu setzen und dabei zweckmäßigerweise mit dem Rathaus anfangen, war das Rathaus in Kreidlers Gemeinde ein unscheinbares altes Haus, und scheinbar unscheinbar war auch die Einrichtung seines Dienstzimmers. Es war allerdings gleichzeitig so originell gehalten, als hätte Karl

Valentin als Innenarchitekt mitgewirkt. So fand sich neben einem großen Tisch mit je einem Stuhl an den Seiten ein kleiner Schreibtisch, auf dem neben einigen Zetteln als wichtigste »Akte« der »Schwarzwälder Bote« lag. Besonders eindrucksvoll war die »Naßzelle« des Dominikus, die aus einem Stuhl mit Waschschüssel und Seifenschale und einem sorgfältig gefalteten Handtuch über der Lehne bestand. Ein gußeiserner Ofen rundete das Mobiliar des Dienstraumes ab, dessen einziger Wandschmuck noch im Jahre 1972 ein großes Bild von Hindenburg darstellte. Ob dieses Bildes verwunderten Besuchern pflegte Kreidler zu erklären, beim Hindenburg wisse man, was man an ihm gehabt habe, das sei ein rechter Mann gewesen, bei den neuen Politikern müsse man erst noch warten, was letztlich dabei herauskomme. Kreidler, ein Mann in den besten Jahren mit einem kleinen Bauch, wie ihn fast die »Amtstracht« von den Bürgermeistern damals forderte, hatte auch auf anderen Gebieten recht eigenwillige Auffassungen und war beim Landratsamt nicht gerade sehr beliebt. Als Mann mit großer Lebenserfahrung und Lebensklugheit konnte er die Paragraphenfuchser auf dem Landratsamt und auf dem Regierungspräsidium nicht ganz ernst nehmen. Farbe und Form der Dachgaupen oder gar die Dachneigung bei den Neubauten in seinem Dorf kümmerten ihn wenig. »Wenn d'Schtugarter Gesetz für os z'hart send, no wenda mer se eifach net a«, war seine Devise, und so war die Lebensqualität recht hoch in seinem Flecken. Auch mit der Polizeistunde hielt er es liberal nach dem Motto: »Polizeischtond isch no, wenn i hoimgang«, und dazu konnten schon einmal zunächst zwölf Viertel notwendig

RATHAUS

sein. Von juristischen Bedenken hielt er überhaupt recht wenig, und als ihm sein Kummer gewohnter Verwaltungsaktuar einmal erklären wollte, man könne eine Gebührensatzung nicht einfach rückwirkend erhöhen, erwiderte er ihm mit entwaffnender Offenheit, man dürfe nicht immer bloß die Rechtslage sehen, man müsse vielmehr auch die Kassenlage sehen, und die sei traurig.
So regierte Kreidler wie ein feudaler Patriarch. Zwar stand auch ihm nicht mehr das sagenumwobene »Recht der ersten Nacht« zu, aber manche Frau in seinem Revier ließ es sich gern gefallen, daß sie von ihm noch etwas besser betreut wurde als ihre Mitbürgerinnen. Seine etwa 500 Untertanen hätte er im Schlaf aufzählen können, und zwar mit allen ihren Merkmalen, wie sie heute nicht einmal mehr bei der Volkszählung verlangt würden.
Eine kleine Panne in seiner Amtsführung gab es freilich bei der ersten Wahl in seiner Amtszeit. Um 18 Uhr schloß er das Wahllokal und schickte den Wahlvorstand nach Hause. Sehr verwundert war er dann, als nachts um halb eins völlig aufgelöst der Kreiswahlleiter anrief, wo denn um Gottes Willen das Wahlergebnis seiner Gemeinde bleibe. »Zählt hend mer no net, aber jedefalls CDU«, sagte er schlaftrunken und war sehr ungehalten, daß man von ihm verlangte, sofort an die Arbeit zu gehen und nicht, wie geplant, erst am nächsten Morgen.
Etwas im argen lag bei ihm auch die Kassenführung, die er persönlich vornahm. Da ihm das Rathaus zu unsicher war, hatte er es sich angewöhnt, die Gemeindekasse abends mit nach Hause zu nehmen und in den Küchenschrank einzuschließen, was ihm beinahe zum Verhängnis geworden wäre. Wie es der Haushalt so mit sich

bringt, hatte er, wenn einmal kein passendes Geld vorhanden war, auch hin und wieder das Zeitungsgeld oder eine andere private Rechnung aus der Gemeindekasse bezahlt, selbstverständlich dabei immer einen Zettel in die Kasse legend und den entnommenen Betrag alsbald ersetzend.

Aber große Männer haben immer Feinde, und dies galt auch für Dominikus. Einmal wurde er wegen seiner Entnahmen angeschwärzt, die Polizei ermittelte, und die Staatsanwaltschaft erhob sogar Anklage wegen Amtsunterschlagung. Seinem Anwalt gelang es aber schnell, das Verfahren zur Einstellung zu bringen, denn so wie Kreidler sich gelegentlich aus der Gemeindekasse bedient hatte, hatte er nachweislich öfters auch Rechnungen an die Gemeinde aus seinem privaten Geldbeutel bezahlt und abends im Küchenschrank verrechnet.

Schnell und erfolgreich verging seine erste Wahlperiode, und als er mit hoher Stimmenzahl wiedergewählt wurde, schlachtete er vor Freude eine Kuh und ließ vom Erlös in allen Wirtschaften Freibier ausschenken.

Immer besser kannte er seine Pappenheimer, und er entwickelte sich zu einem rechten kommunalen Philosophen. »Em Sommer ka mer's aushalte auf'm Rothaus, aber em Wenter, do drucket se uff 's Rothaus rei wia d' Kälte«, meinte er zu den saisonalen Schwankungen seines Amtes lächelnd und wurde immer abgeklärter. Kurz bevor sein Dorf in die Nachbarstadt eingemeindet werden sollte, hatte der Herrgott ein Einsehen mit ihm. Beim Frühstück erlitt er einen Schlaganfall und starb auf dem Gipfel seines Ruhms, ohne das traurige Schicksal seiner Heimatgemeinde noch erleben zu müssen.

# Abbruchunternehmer aus Leidenschaft

Zu den Attraktionen Horbs gehört keineswegs nur die sogenannte schönste Stadtsilhouette Deutschlands, sondern auch eine Vielzahl kleiner Betriebe aus den unterschiedlichsten Gewerbezweigen, mit oft recht eigenwilligen Unternehmern. Einer von diesen war Edgar Hettich, der sich, bevor er sich in einem Horber Teilort als Abbruchunternehmer niederließ, auf der Baar in der Rohstoffbranche betätigt hatte, weshalb ihm aus dieser Zeit noch der Spitzname »das Lumpemole von Schwenningen« anhing. Aber Hettich, ein Mann von katzenartiger Geschicklichkeit und hoher Spannkraft, war viel zu dynamisch für dieses Gewerbe mit seiner Klinkenputzerei. Er kaufte sich mit dem vor dem Finanzamt sorgfältig versteckten Gewinn aus dieser Zeit und einem Kredit von 100000 Mark, für den seine gesamte Verwandtschaft bürgte, einen Tieflader, einen Bagger, eine Caterpillarraupe und noch verschiedenes Gerät und wurde Abbruchunternehmer in einem schön gelegenen Stadtteil Horbs, wo er Verwandte hatte.
Die Zeichen der Zeit standen günstig. Überall wurde saniert, an Aufträgen fehlte es nicht, und bald wäre auch er saniert gewesen, wenn, ja wenn die Gewerbeaufsicht

ihm nicht in einer elf Seiten langen Verfügung das Gewerbe untersagt hätte. Wutentbrannt ging Hettich darauf zu einem Rechtsanwalt in Horb und machte seinem Herzen Luft: »I han emmer denkt, daß mir emma freia Schtaat lebet, wieso hendred sie no an freia Onternehmer, was soll denn des ieberhaupt, em Sommer schafft mer 18 Stond, ond was kriagt mer dr'für? Dia Herre Beamte, wo sowieso net wisset, wia se ihre acht Stond totschlage sollet, verbietet oim eifach s'Geschäft, ja goht denn des so leicht, Herr Doktor?« Der Anwalt, der die Verfügung überflogen hatte, schüttelte nachdenklich den Kopf und sagte: »Normalerweis goht des freilich net, aber 's hoißt halt, daß Se net zuverlässig gwesen send.« – »Ozuverlässig i? Ozuverlässig«, fauchte Hettich, »i brauch bloß 24 Stond zom a jedes Haus z'Horb abreißa, ond wenn's au noch a Amt isch, no mach i's no omsonscht.« – »Ja«, meinte der Jurist, »die Herre meinet halt, daß Se eifach z'schnell abreißet ond z'Alpirsbach ond z'Besefeld sogar a bißle mit am Streichholz nochgholfa hättet, so daß Se au no andere gfährdet hättet.«
»So, so«, meinte Hettich, »so oifach isch des, wenn mer schnell ond billig no dazua schafft, hot mer au no der Ärger, weil die Noseweisa net von der Bauschtell wegbleiba kennet. Wer die Gefahr sucht, kommt darin um, heißt das alte Sprichwort, und das sollet sich die Gaffer gefälligst merke.« – »Ja, und Steure und AOK-Beiträg hätten Sie au net abgführt«, meinte der vorsichtige Jurist zu seinem Klienten. Diesem bebten schon die Nasenflügel vor Erregung, und er stieß hervor: »Steire, Steire send jo scho recht ond guat, wenn mer au an Gwinn hot, aber zerscht muaß i amol selber saniert sei, no kommt 's

Finanzamt ond d' AOK dra, ha des muaß mer doch verschteh.«
»Ja, so geht es dann doch nicht«, meinte nun der Anwalt, »Steuern zahlt man ja doch nur vom Gewinn.« – »Ja, Gewinn«, meinte Hettich, »was schprengt denn bei dem Gschäft scho für an Gwinn raus. Do en Schtall zom Abbrecha, do a alte Scheuer, wenn i amol a Schual zom Abbrecha kriag, isch's scho an Feschttag. Glaubet Se mir des oine, Herr Doktor, au an Abbruchunternehmer hot seine Ideale, i dät au arg gern amol ebbes macha, was bleibt ond an Dom abbrecha oder au a Minischterium, aber an so ebbes lasset se oin ja net na. Wo i Abbruchunternehmer worde bin, han i denkt, daß an alter Traum Wirklichkeit wird, wisset Se, 1944 war i bei der Heimatflak z' Ulm, ond wo i gsea han, daß om ons rom ganz Ulm zo Schutt ond Asche wird, han i mir denkt, daß mer des em Frieda nomal macha sott, aber ruhig ond mit Verschtand. Eigentlich hends mir Abbruchunternehmer jo von de Bomberpilote abguckt, bloß daß die halt arg ognau gschafft hend ond sich net viel ieberlegt hend. Jetzt stellet Se sich halt amol vor, daß hier d'Altheimer Stroß bombardiert worde wär, do wär mer heit doch gottfroh drüber. Aber z'Horb war jo scho emmer so wenig los, daß es net amol d'Bomber azoge hot. Na han i mir halt gsagt, daß i des mach, was d'Bomber net nakriagt hend, ond dabei bleib i.«
»Ja, so ist das«, erwiderte sein Rechtsbeistand, »das ist ja sehr interessant, aber wenn wir die Gewerbeuntersagung aufheben wollen, dann müssen Sie als erstes Ihre Rückstände beim Finanzamt und der AOK bis zur Gerichtsverhandlung abtragen, und dann bleibt noch genug. Mit

den Unfallverhütungsvorschriften ist nicht zu spaßen. »Ja«, erklärte Hettich, »'s hoißt doch scho en dr Bibel, wo ghobelt wird, fallet Spän. I kann doch net die ganze Zeit mit am Büchle en dr Hand romlaufe. D'Minischter z'Bonn traget au net dauernd 's Grondgsetz onderm Arm.«
»Ja, und da sind dann noch Ihre Vorstrafen«, ergänzte der Horber Jurist abwägend, aber Hettich blieb gelassen und meinte: »A was, was soll denn des, zeiget Se mer oin, wo a jeda Tag uff dr Stroß isch ond no ogschtraft davokommt, der soll no da erschte Stei schmeiße, ond was isch denn sonscht scho?« – »Halt, scho no ebbes, so einfach isch des net«, gab der Doktor zu bedenken. Aber der Abbruchunternehmer blieb unbeeindruckt. »Ja du liaber Gott, des send doch alles Kavaliersdelikt, was soll denn des au. Als Abbruchunternehmer ben i jo älleweil no ogschtroft, ond do muaß es doch druff akomma.«
»Also, dann wollen wir es packen«, beschloß jetzt der Rechtsanwalt, der am Elan und der Elastizität seines Mandanten einen gewissen Gefallen gefunden hatte. »Jetzt unterschreiben Sie mir die Vollmacht und zahlen 1000 Mark Vorschuß, und dann sehen wir weiter.« Erleichtert zückte Hettich sein Scheckbuch und war schon sehr siegessicher. »Ois han i aber doch no wissa wella«, fragte er schon im Gehen, »Herr Doktor, Sie hend mir gsagt, daß i bis zu der Verhandlung d'Schulda beim Finanzamt loshan muaß, do wär's mir aber schon liaber, wenn mer vielleicht z'erscht verliera kenntet ond no erscht en der Berufong gwenna dätet, no hätt i no a bißle Zeit, zom s'Geld zsammakratze.« – »Ja«, sagte sein Advokat, »nix leichter als das, das könne mir richte.« Und genau so kam es.

# Das versoffene Mariele

Was eingefleischte Protestanten im Nordschwarzwald nicht immer sehr gerne hören, ist, daß es im Süden des Landes noch viel schönere Teile des Schwarzwaldes gibt, deren Bevölkerung zudem noch katholisch ist. In dieser südlichen Region des Schwarzwaldes lebte noch vor kurzem am Rande eines kleinen Städtchens eine alte Frau, die als das »versoffene Mariele« weithin bekannt war. Sie war das jüngste Kind einer vielköpfigen Landwirtsfamilie gewesen und hatte sich von Kindesbeinen an in der Landwirtschaft der Eltern betätigt.

Nachdem ihr Verlobter im Zweiten Weltkrieg in Rußland geblieben war, blieb sie auf dem elterlichen Hof, dessen Last immer mehr auf ihren Schultern ruhte, bis die Eltern starben. Da sie als Frau die zwölf Hektar nicht allein umtreiben konnte, verpachtete sie die Landwirtschaft, und es traf sich, daß just um diese Zeit die Stelle des Mesners an einer schönen Kapelle auf einer kleinen Anhöhe außerhalb des Ortsetters frei wurde. Zu der Kapelle gehörte eine bescheidene Zweizimmerwohnung und ein großer Garten, die sie mietfrei erhielt gegen die Auflage, die Kapelle stets reinlich zu halten und vor allem um 18 Uhr das Läuten der Glocke der Kapelle nicht zu vergessen.

Zunächst ließ sich auch alles recht gut an. Im Sommer freute sie sich an der Gartenarbeit, die Mühe, aber auch Abwechslung und Befriedigung brachte, und im Winterhalbjahr beschäftigte sie sich mit Strickarbeiten für ihre weitläufige Verwandtschaft, die immer wieder bei ihr hereinschaute und sie mit Neuigkeiten versorgte. Allein, schon manche biedere Hausfrau hat Mühe, den Tag herumzubringen bis der Mann heimkommt, auch wenn sie dies nicht zugeben würde, um so mehr hatte aber das Mariele unter der Kontaktarmut zu leiden, da nur wenige Besucher zur Kapelle kamen, und auch der Verwandtenbesuch sich meist auf das Wochenende beschränkte.

So waren ihre Einkäufe im Ort, die sie zwei- bis dreimal in der Woche unternahm, fast ihr einziger Kontakt zur Außenwelt. Während sie zunächst immer nur einkaufte, was ein Einpersonenhaushalt eben so braucht, fiel bald auf, daß sie immer öfters »Wein zum Kochen« verlangte. Bald ließ sie aber diese schamhafte Umschreibung fallen und kaufte zielsicher die bekannten Zweiliterflaschen mit Tiroler Landwein, die sie dann mühsam genug zu ihrer Kapelle schleppen mußte. Als eine neugierige Verkäuferin einmal fragte, wozu sie denn den vielen Wein brauche, ob sie so viele Besucher habe, meinte sie nur milde lächelnd: »Wisset Se, 's hoißt doch, Wein sei d'Milch vom Alter.«

So hieß es denn recht bald im Städtchen: »'s Mariele sauft.« Noch brach, außer einigen Klatschbasen, aber niemand den Stab über sie, denn noch immer war die Kapelle in guter Ordnung, und das »Sechseläuten« fand pünktlich statt. Auch der Garten wurde noch gut gehalten, wenngleich das Mariele nicht mehr so gründlich

hinter das Unkraut ging, und er jetzt nicht gerade ungepflegt wirkte, aber den letzten Schliff vermissen ließ.
's Mariele hatte freilich ihre Probleme, denn bekanntlich kosten nicht nur schöne Frauen Geld, sondern auch alle übrigen Laster, und so wurde auch unserem Mariele das Geld immer knapper. Als deshalb einmal im Mitteilungsblättle ein Sprechtag der LVA angekündigt war, ging sie auch aufs Rathaus, um zu sehen, ob nicht doch auch vielleicht für sie eine kleine Rente drin wäre. Aber da gab es ein böses Erwachen. Wie es auf dem Lande häufig geschieht, hatten ihre Eltern in all den Jahren, in denen sie auf dem Hof schaffte, keine Mark für sie geklebt, und ein Rentenanspruch war demnach nicht gegeben. »Fälle wie Sie sind in der Reichsversicherungsordnung gar nicht vorgesehen«, hieß es da, und das einzige, was sie tun könne, sei die Pacht zu erhöhen, was das Mariele dann, wenn auch vergeblich, versuchte.
So trat in ihrem Konsum ein Phänomen auf, das bei Süchtigen häufig auftritt, nämlich das, was fürs Trinken mehr draufging, wurde beim Essen eingespart, was ihrem Gesundheitszustand freilich sehr abträglich war. Im Sommer ging es noch einigermaßen, wenn sie viel an der Luft im Garten arbeitete, wo sie sich allerdings immer mehr auf das Nötigste beschränkte und auf die Feinheiten, die des wahren Gärtners Herz erfreuen, ganz verzichtete. Ihre Verwandten schauten immer seltener herein, denn mit Strickarbeiten war es schon lange nichts mehr, und das Mariele, das im Umgang schwierig geworden war, »nur so« zu besuchen, hatten nur wenige Lust.
Als eine Schwägerin sie einmal wegen des unübersehbaren Flaschenecks in ihrer Wohnstube zur Rede stellte,

meinte sie nur, sie habe ja leicht reden, sie habe einen braven Mann und zwei Kinder und ein erfülltes Leben. Ihr Verlobter sei aus dem Krieg nicht mehr heimgekommen, und seit dem Tod der Eltern sei sie jetzt schon mehr als 20 Jahre allein. So zeigte sich eben auch im Falle des Mariele, daß Sucht oft nur Ausdruck von Sehnsucht ist, aber so empfindsam dachten nur wenige, und immer stärker wurde im Ort die Ächtung des Mariele, der der erkannte Alkoholiker in unserer Gesellschaft anheim fällt. Das Schlimme war, daß man ihr inzwischen nicht nur »das Saufen« vorwerfen konnte, sondern auch, daß sie darüber ihre Pflichten vernachlässigte. Besucher der Kapelle beklagten sich immer wieder, daß es nicht mehr sauber sei, das Schlimmste aber war, daß das »Angelus-Läuten« um 18 Uhr immer unregelmäßiger ausfiel. Einmal läutete es schon um viertel sechs, einmal um halb sieben, und immer öfters kam es vor, daß überhaupt nicht geläutet wurde.

Nun hatte auch im frommen Südschwarzwald das »Angelus«- oder »Betläuten« seine historische Funktion schon eingebüßt, und kaum einer erinnerte sich bei seinem Ertönen noch an das Gebet vom »Engel des Herrn«. Zwar rennen auch jetzt noch die kleinen Kinder um 18 Uhr schnell heim, aber schon lange nicht mehr wegen des »Betläutens«, sondern weil bekanntlich um diese Zeit die »Sesamstraße« im Fernsehen läuft.

Aber man wußte im Ort eben allgemein, daß das »Läuten« zu Marieles Pflichten gehörte und tolerierte diesen Pflichtverstoß nicht. So trat man aus der Kirchengemeinde immer öfters an den Pfarrer heran, er möge doch einmal nach dem Rechten sehen. Dieser zierte sich lange,

aktiv zu werden, schließlich ging er doch einmal zum Mariele hinauf und stellte sie zur Rede. Er hielt ihr die Unsauberkeiten in der Kapelle und vor allem das unregelmäßige Läuten vor und meinte, die Leute würden sagen, das käme davon, weil sie zuviel trinken würde.
Aber da kam er an die Falsche. Das Mariele raffte sich noch einmal zur vollen Größe auf und sagte voller Zorn zu dem verdutzten Pfarrer: »O höret Se doch net uff d'Leit, d'Leit send bais ond schwätzet bais. Wisset Se no au, was d'Leit über Sie schwätzet, Herr Pfarrer? 's hoißt, Sie hättet a Mensch z'Waldshut. Sehn Se, so isch no au wieder, gell Herr Pfarrer.«

# Horb im »IOS«-Rausch

Weltweite Bewegungen haben es so an sich, daß sie irgendwann auch nach Horb kommen und sich dann mit Verzögerung, aber um so heftiger, auswirken. So ist es kein Wunder, daß die Investment-Psychose, die die »IOS« Ende der sechziger Jahre in Deutschland entfachte, auch in Horb viele Opfer fand. Denn, wenn man hoffen darf, viel Geld ohne Arbeit verdienen zu können, und man das dazu noch recht »hehlinge« tun kann, lassen sich auch die Horber nicht lumpen.

Hinzu kam, daß die »IOS« mit einem jungen Mann, den wir Harry Schietinger nennen wollen, einen besonders fähigen Mitarbeiter für den Raum Horb hatte. Schietinger stammte aus einem Dorf bei Horb und hatte, bevor er »Repräsentant« wurde, das Vertreterhandwerk von der Pike auf gelernt. Bevor er den Sprung zur »IOS« schaffte, hatte er eine Vertretung für Nudelmaschinen, und mit seinem bezwingenden Charme und dem Spruch »Ich mache Ihnen ein Pfund Nudeln umsonst« öffnete er die Haustüren und Herzen der Hausfrauen im Gäu und anderswo, und wenn sie gerade dazu aufgelegt waren, machte er ihnen auch noch mehr umsonst.

Die »IOS« war für dieses Verkaufsgenie geradezu ideal, denn ehrgeizig war er schon immer, und endlich kam er

an lohnende Objekte heran. Die Zeichen der Zeit standen sehr günstig für das Investmentgeschäft. Ein leibhaftiger ehemaliger Bundeskanzler, Ludwig Erhard, stand an der Spitze der deutschen Investmentfirma »Argenta«, und Erich Mende hatte sich mit dem Mut des Ritterkreuzträgers an die Spitze der deutschen »IOS« gestellt. Rechtzeitig zu Beginn des großen Booms heuerte auch Schietinger bei »IOS« an. Nach dem Grundsatz »Je unseriöser der Beruf, desto seriöser die Berufskleidung«, der die gesamte Finanzwelt kennzeichnet, aber nicht nur sie, kaufte er sich einen dunklen Nadelstreifenanzug, einen silbergrauen Mercedes 300 und ein schwarzes Lederköfferchen, und fertig war der »Anlageberater«. Von ganzseitigen Annoncen in den Zeitungen unterstützt, ging er an die Arbeit, und wo fängt ein »IOS«-Vertreter am zweckmäßigsten an? Natürlich bei einem Zahnarzt.
So suchte sich Schietinger den seiner Meinung nach erfolgreichsten Horber »Goldbohrer« aus und machte ihm einen Besuch. Doch wider Erwarten stieß er auf Schwierigkeiten, denn der Zahnheilkundige war merkwürdigerweise nicht liquide, hatte er doch gerade erst bei »Contracta« ein Ferienhaus auf Fuerteventura gekauft und wollte nur 20000 Mark anlegen, um wenigstens »symbolisch« mitzuverdienen. Aber Schietinger ließ nicht locker. »Sehen Sie, Herr Doktor«, sagte er, »unser ›IIT‹ hat letztes Jahr über 100 Prozent gemacht, wenn ich Ihnen noch einen Kredit beschaffe, können Sie über 90 Prozent verdienen und die Zinsen von der Steuer absetzen. Also wenn Sie weiterkommen wollen, müssen Sie das Finanzamt nicht zum Steuerzahlen benützen, sondern für Ihre Vermögensbildung, so machen es die Profis schon lange.«

»Aber«, sagte er kühn und schmeichlerisch zugleich, »ich sehe schon, Sie sind kein ›IIT‹-Typ, Sie sind ein ›Venture‹-Typ. Mit diesem neuen Fonds wird die ›IOS‹ pro Jahr mindestens 150 Prozent erwirtschaften, und überhaupt mit 20000 Mark Einlage bekommen Sie ja womöglich noch standesrechtliche Schwierigkeiten. Ich will nicht ins Detail gehen, aber Ihre Kollegen haben alle sechsstellig gezeichnet.«

Noch immer war der Zahnmediziner nicht ganz überzeugt, bis Schietinger das entscheidende Argument fand: »Sehen Sie«, fuhr er fort, »Sie sind jetzt Mitte Dreißig, wenn Sie jetzt 100000 Mark im ›Venture-Fonds‹ anlegen, haben Sie mit 40 über eine Million verdient und können sich Ihren verdienten Ruhestand gönnen. Wenn Sie eine Million anlegen, haben Sie nämlich eine sichere Rendite von mindestens 100000 Mark im Jahr. Sie müssen sich dann zwar ein bißchen einschränken, aber Sie können immer noch Ihr Leben genießen und Ihren, wie ich vermute, künstlerischen Neigungen nachgehen. Herr Doktor, es kann doch wirklich nicht im Ernst Spaß machen, bis 65 den Horbern im Mund herumzugrubeln. Ich meine, man muß auch den Menschen im Zahnarzt sehen.«

»Mit 40 in den Ruhestand«, ging es dem Zahnarzt durch den Kopf, »da funktioniert noch alles einigermaßen, das wäre gar nicht so schlecht.« Und auch wenn ihn das aggressive Verhalten Schietingers etwas irritierte, nahm er bei ihm doch einen Kredit über 80000 Mark auf und investierte nach dem Motto »Wer nicht wagt, der nicht gewinnt« in den »Venture-Fonds« 100000 Mark.

Nach diesem geglückten Auftakt graste Schietinger systematisch die Freiberufler in Horb und Umgebung ab, und die Kassen von »IOS« und von ihm füllten sich. Jedoch die Resonanz war nicht überall so gut wie bei den Vertretern der Heilberufe, und insbesondere Juristen erwiesen sich als sehr mißtrauische Kunden, die mit ihren hartnäckigen Fragen nach der rechtlichen Absicherung der Fonds-Einlagen Schietinger hart zusetzten.

Dieser hatte sich inzwischen in seinem Heimatort mit dem Geld von den Opfern der »ersten Welle« ein Haus gebaut, dessen Wohnzimmer, wie es sich für einen »IOS«-Berater gehörte, allein 120 Quadratmeter hatte. Mit Bedacht plante er den zweiten großen Fischzug in Horb und nahm diesmal die Gewerbetreibenden aufs Korn. Die Wirte klammerte er aus, denn aus seiner Verwandtschaft wußte er, daß in dieser Branche der Eigenverbrauch oft so hoch ist, daß sich keine nennenswerten Gewinne einstellen wollen.

Er sagte sich: »Auch wenn die Finanzämter in ihrer Einfalt es nicht ahnen, so haben doch sehr viele Gewerbetreibende das Problem, ihr ›Schwarzgeld‹ lohnend unterzubringen, und wo kann man das ›Schwarzgeld‹ denn besser anlegen, als bei der ›IOS‹?« So machte er seine Runde durch Horb und sammelte die »Schwarzgelder« ein, die bei seinem Erscheinen in der Regel sehr schnell den Weg vom Schlafzimmerschrank in seinen Aktenkoffer fanden.

Im Kreis der Gewerbetreibenden leistete ihm allerdings ein Berufsstand Widerstand, nämlich die Bäcker, die ja dafür bekannt sind, daß sie in Vermögensfragen sehr »bhäb« sind. So gelang es auch Schietingers geballtem Charme nicht oft, die Bäckerkassen aufzubrechen. »Und wenn Sie Ihre Brötchen auch noch so klein machen, Millionär werden Sie deshalb noch lange nicht, das ist nur über uns möglich«, sagte er zu einem Bäckermeister. Aber der behielt sein gesundes Mißtrauen gegen den geschniegelten Finanzberater und meinte, er sei mit der Sparkasse bislang recht gut gefahren. »Ach was, Sparkasse«, erwiderte Harry darauf gereizt, »da sitzen auch nur Beamte, und bei der Volksbank ist es auch nicht anders, da ist um halb fünf Feierabend, unsere Fondsmanager beginnen um diese Zeit aber erst richtig, und in Genf, in unserer Zentrale, gehen die Computer Tag und Nacht!«

Aber er kam nicht weiter, und so biß er bei konservativen Anlegern immer wieder auf Granit. Dafür schwatzte er nebenher so manchem biederen Lehrerehepaar noch einen Sparvertrag als zusätzliche Altersversorgung auf, was er nach dem Grundsatz »Kleinvieh macht auch Mist« am Rande seiner Beutezüge auf der Heimfahrt ganz gerne machte.

Schietinger hatte großes Glück. Er hatte gerade mit seinem zweiten Durchgang bei der Horber Geschäftswelt abgesahnt, als das »IOS«-Imperium wie ein Kartenhaus zusammenbrach. Alle hatten es jetzt schon lange vorher kommen sehen, und die, die nicht eingestiegen waren, frohlockten, da ja Schadenfreude bekanntlich die schönste Freude ist. Ein Steuerberater meinte zu dem Debakel lächelnd, im Grunde sei fast gar niemand geschädigt worden, sondern bei den Freiberuflern sei nur überschüssiges Geld abgeschöpft worden, und die »IOS« sei im übrigen die größte Schwarzgeldbereinigungsaktion aller Zeiten gewesen. Schade sei es im Grund nur um die zum Glück wenigen kleinen Leute, die mitgemacht hät-

ten und ihren Flirt mit der Hochfinanz jetzt teuer bezahlen müßten.
Harry Schietinger aber hatte sich selbst saniert. Seine Millionen-Villa war bezahlt, und er hatte noch einiges übrig. Aber ein guter Vertreter muß einfach aktiv sein und verkaufen. So verlegte sich Harry auf den Warenterminhandel und handelte Schweinebäuche, Sojamehl und Weizen »loco Chicago«. Als er dabei einmal selbst gehörig die Finger hineinbrachte, zog er sich von diesem heißen Markt aber wieder zurück und ging als Immobilienmakler nach Teneriffa. Dort lebte er herrlich und in Freuden und ohne finanzielle Sorgen. Er war schließlich auch schon 38.

# Verhockte Herzfalten

Wie die vielen »Telewinker« beweisen, hat offenbar jeder Mensch einmal das Bedürfnis, im Fernsehen zu erscheinen. Da die Gemeinden nicht besser sind als ihre Einwohner, haben diese ebenfalls den Ehrgeiz, sich ab und zu in diesem Medium zu präsentieren. So war die Freude auch in einem Teilort, den wir vorsorglich »Südstetten« nennen wollen, sehr groß, als sich der Süddeutsche Rundfunk mit einem Fernsehteam ansagte, um im Zusammenhang mit einer großen kulturellen Feierlichkeit einen Film über »Südstetten« zu drehen.

Der Filmemacher gab noch an, daß er seine ersten fünf Lebensjahre in »Südstetten« verbracht habe und jetzt seinen Jugenderinnerungen mit einem Film »Herzfalten – Südstetter Dorfgeschichten« nachspüren wolle. Die Begeisterung war so groß, daß man in der Eile vergaß, Erkundigungen über diesen Fernsehmenschen einzuholen. Hätte man gewußt, daß dieser normalerweise nur für das Werbefernsehen arbeitet und, was in »Südstetten« völlig unüblich, auch noch mit einer Tänzerin verheiratet ist, wäre man vielleicht doch etwas skeptisch geworden. Vielleicht fühlte man sich auch sicher bei dem Gedanken, daß der Charakter eines Menschen sich in den ersten

Lebensjahren formt, und ein Mensch, der bis zum fünften Lebensjahr in »Südstetten« gelebt habe, nicht mehr ganz aus der Rolle fallen könne.

Allein, man sah sich arg getäuscht, und die hochgespannten Erwartungen der »Südstetter« auf die fast einstündige Sendung im 3. Programm endeten in Katzenjammer. Für den Stuttgarter Fernsehmann schien »Südstetten« im wesentlichen nur aus baufälligen Häusern, alten und skurrilen Menschen, geistig Behinderten und flapsigen Jugendlichen zu bestehen. Kein einziges Bild von der prachtvollen Neubausiedlung mit Straßen, wie sie nicht einmal die Kernstadt hat, von den vielen Mercedessen im Flecken und den schönen Mädchen im Ort, von denen schon die Oberamtsbeschreibung zu berichten wußte. Kein Wort auch von der vielbesuchten Diskothek und dem regen Vereinsleben in »Südstetten«.

Vor der Sendung hatte freilich die Deutsche Bundespost ein gutes Geschäft gemacht, denn die stolzen »Südstetter«, die ihren Ort ja nicht ganz zu Unrecht als »die heimliche Hauptstadt der Region« ansehen, hatten all ihre Bekannten und Verwandten im ganzen Land, von Crailsheim bis Friedrichshafen angerufen und dazu vergattert, pünktlich das 3. Programm einzuschalten.

Besonders großes Pech hatte dabei der Ehrenbürger der Gemeinde, der seine Pfarrkollegen im Umkreis angerufen und gesagt hatte: »Da könnt ihr einmal sehen, in was für einer stattlichen Gemeinde ich Ehrenbürger geworden bin.« Und dann solch ein Horrorfilm. Aber der Klerus hatte Takt und überging das Ganze mit Schweigen. Weniger Glück im Unglück hatten die »Südstetter«, die gleich nach der Sendung von ihren Verwandten und

Bekannten angerufen wurden und sich erst einmal ein längeres Gelächter anhören mußten, bevor höflich das Beileid ausgesprochen wurde.
Arg gebeutelt wurde auch ein Südstetter »W 15«, der bei den Funkern in Bruchsal Dienst tat und seine Stubenkameraden zur Sendung um sich versammelt hatte. Zur Feier des Tages hatte er einen Ständer Bier spendiert und freute sich, einmal seinen Kameraden, die zum Teil aus armen Gegenden im Hotzenwald und von der Alb stammten, sein schönes Heimatdorf im Bild vorstellen zu können. Doch sein Gesicht wurde lang und länger, und seine Freunde immer aufmüpfiger, und als der Film vorbei war, sagte der Stubenälteste aus Mägerkingen nur: »Also Max, wenn du vo Südstetta kommsch, no muaß i mi grad wondra, daß du scho uffreacht laufa kannsch.«
Aber der Film wurde merkwürdigerweise doch sehr unterschiedlich beurteilt. So ist es verbürgt, daß eine Stuttgarter Sekretärin, die ihn auch gesehen hatte, gesagt haben soll, sie wisse gar nicht, ob sie am nächsten Sonntag in die Wilhelma oder sich lieber in »Südstetten« die Leute ansehen solle. So weit hatten die stolzen Bürger dieses herausragenden Stadtteils es schon gebracht, und wer den Schaden hat, braucht für den Spott bekanntlich nicht zu sorgen. Aber auch wenn in »Südstetten« nach der Sendung Niedergeschlagenheit und Erbitterung herrschte, hob man in der Umgebung plötzlich befriedigt den Kopf hoch in die Höhe, und die Isenburger und Ahldorfer wurden frech und sagten laut: »Des gschieht selle Großkopfete grad amol reacht.«
Auch wenn der Streifen eine rechte Raritätenschau war, so zeigte er doch auch den souveränen Umgang der

»Südstetter« mit ihren geistig Behinderten oder, wie man früher etwas weniger technisch und mit mehr Gefühl sagte, mit den »Dubele«. So gehört zu den eindrucksvollsten Szenen der Sendung eine Begegnung eines achtbaren »Südstetters« mit dem völlig ins Dorfleben einbezogenen »Dubele«, bei der der Bürger diesem lässig im Vorbeigehen zuruft: »Hosch scho ghört, der Hindeburg ischt gstorbe«, worauf es diesem dann doch die Sprache verschlug und er seine Standardantwort »du Lugebeutel« vergaß. Schlechte Nachrichten kommen eben auch in »Südstetten« immer noch früh genug an.

Diese Szene ist im übrigen deshalb bemerkenswert, weil in einer weniger kultivierten Gemeinde bei so einer Begegnung allenfalls noch eine Bemerkung wie »Hosch scho gveschpert« oder auch nur »Morga« drin gewesen wäre.

Alles in allem ergab sich für den Betrachter des Films ein verzerrtes Bild einer lebendigen Gemeinde, und der Protest der »Südstetter« über diese Sendung war laut und berechtigt. Mit Energie setzte man sich dann auch zur Wehr, und die eigentlichen subtilen Frechheiten des Südfunks gab es erst nach der Sendung, als den »Südstettern« bekundet wurde, es sei zwar sicher kein Werbefilm für »Südstetten« entstanden, aber es handle sich eben um eine »höhere Objektivität« und alles in allem um eine »Liebeserklärung an Südstetten«.

Solche Sprüche kann man natürlich nur klopfen, wenn man fern vom Volkszorn im sicheren Funkhaus in Stuttgart sitzt. Wären die »Südstetter« nicht so liebenswürdige, besonnene Leute, müßte man ihnen unbedingt raten, selbst einen Film von »höherer Objektivität« über Stuttgart zu drehen und eine »Liebeserklärung« an die Landeshauptstadt zu filmen. Motive gäbe es wahrlich genug. Zum Beispiel betrunkene VfB-Fans in der S-Bahn, Bettler in der Schulstraße, Stadtstreicher am Hotel am Marktplatz, die Damen vom Dreifarbenhaus und natürlich den Nesenbach. So isch's no au wieder.

# Tod des freien Architekten

Freudenstadt ist eine schöne Stadt. Bekannterweise ist man dort der Sonne nah und dem Alltag fern. Ehrlicherweise muß man aber einräumen, daß man dort nicht nur der Sonne, sondern auch den Regenwolken oft recht nahe ist. Jedenfalls ist Freudenstadt aber dem Alltag fern, was damit zusammenhängt, daß in dieser Stadt nicht viel gearbeitet, sondern vor allem spazierengegangen und Kaffee getrunken wird. Diesen liebenswerten Beschäftigungen gehen allerdings nicht die Freudenstädter selbst nach, sondern natürlich die vielen Kurgäste und Pensionäre, die sich dorthin flüchten. Nach dem Motto »In Nordrhein-Westfalen malochen, und dann im Schwarzwald im Ruhestand leben«, ziehen ja immer mehr Pensionäre sich im Alter nach Freudenstadt zurück, so daß dieser liebenswürdige Ort bei Kennern sich schon den Ruf eines deutschen »Pensionopolis« erworben hat.
Wo Menschen zuziehen und die Gemeinden wachsen, wird auch gebaut, und wo gebaut wird, blüht auch der Weizen der Architekten. Ein besonders erfolgreicher Vertreter dieses Berufsstandes war dort bis vor kurzem ein Mann im besten Alter, den wir Friedhelm Nonnenmacher nennen wollen. Klug wie er war, hatte er schon früh

erkannt, daß ein erfolgreicher Architekt auch ein guter Grundstückshändler sein muß. Wie erfährt man nun in Freudenstadt und anderswo, wann und wo gebaut wird? Natürlich im Gemeinderat. So kandidierte Nonnenmacher schon zu Beginn seiner Berufslaufbahn mit Erfolg für den Gemeinderat, und der Weg führte ihn fast zwangsläufig zu den »Freien Wählern«. Treffen sich doch hier alle politischen Köpfe des Landes, die kommunalpolitisch aktiv sein, aber um nichts in der Welt auch politisch Farbe bekennen wollen. So ist diese Gruppierung die klassische politische Heimat der Selbständigen, die hier »nach allen Seiten offen« Geschäfte mit jedermann treiben können, ohne das Gesicht zu verlieren.
Unser Nonnenmacher bekam es auf diesem Weg immer schnell spitz, wenn irgendwo ein Baugebiet ausgewiesen werden sollte, und rasch besorgte er sich Vorkaufsrechte für die Baugrundstücke, die er dann in der Regel auch ausübte, um kurz danach das Grundstück mit einem gehörigen Aufschlag weiterzuverkaufen und gleich die Bauplanung für den neuen Besitzer zu übernehmen. Wie fast jeder Architekt, hatte er sich eine spezifische Masche angeeignet oder wohlwollender gesagt, seine eigene »Handschrift« gefunden. Nonnenmachers Masche war es nun, den Bauherren klarzumachen, er könne ihnen ein individuelles Haus bauen, das nicht teurer sei als ein Fertighaus. Was er nicht dazu sagte, war, daß dieses individuelle Architektenhaus praktisch auch genauso aussah wie ein Fertighaus.
Sein genialer Einheitsentwurf war sehr populär und verlor auch durch dutzendfache Wiederholung nicht an Anziehungskraft auf die Baulustigen. »Reihenhäuser

sind nur für Reihenmenschen«, pflegte er zu seinen Kunden zu sagen. »Eine Persönlichkeit wie Sie«, erklärte er den Bauherren, »braucht ein Haus, in dem sie sich widerspiegelt, und da kommt nur ein individuelles konventionelles Haus in Frage«, und was dabei herauskam, war dann wieder ein konventionelles individuelles Fertighaus. Nonnenmacher war freilich nicht der einzige Architekt, der diesem Credo huldigte, und wenn man auch einräumen muß, daß die Landesbauordnung keinen wirklichen individuellen Stil zuläßt, so zeigen doch die Straßen unserer Neubausiedlungen im ganzen Land, daß der Typus des Architekten Nonnenmacher fast überall vorherrschend ist.

Nonnenmacher hatte mit seinen Methoden wachsenden Erfolg, und an seinem 40. Geburtstag konnte er schon 30 gut vermietete Eigentumswohnungen sein eigen zählen, die er sich von seinen steigenden Gewinnen selbst gebaut hatte. »Sobald mir 50 Wohnunga z'samma hend, kennet mir au no a bißle wohltätig sei«, sagte er zu seiner Frau Margot am Abend des Geburtstages, »woisch, i glaub, s'isch besser, mir wartet no a Weile, ma woiß nie, was für Zeite kommet ond ob mer au gsondheitlich auf Zack bleibt.«

Denn wenn auch ganze Völker wie die Italiener oder auch deutsche Stämme wie die Rheinländer ihre Intelligenz vor allem benutzen, um der Arbeit aus dem Wege zu gehen, so war es für Nonnenmacher als echtem Schwaben doch eine Ehrenpflicht, auch mit wachsendem Wohlstand immer feste weiter zu schaffen. Die Baukonjunktur lief gut, längst hätte er auch von seinen Mieteinnahmen in Freuden leben können, aber er arbeitete weiter, und schon als er 46 war, hatte er die 50. Eigentumswohnung im Besitz. »Woisch, Margot«, sagte er, »eigentlich hättet mir ja jetzt mit dr Wohltätigkeit anfanga wella, aber i glaub, s'isch immer no z'bald. Mer kann sich ja auf die Steuergsetz nemme verlasse, ond wer woiß, ob am End net die Grüne in Bonn an d'Regierung kommet ond ieberhaupt, d' Repratura fanget au scho an, i glaub, mir sottet mit onserer Wohltätigkeit no warte, bis mer 100 Wohnunga z'samma hend, des isch a ronde Zahl, ond no schtandet mir au auf feschte Fiaß für onser Wohltätigkeit.«

»I glaub au, s'isch 's Beschte«, sagte Margot, die sich über die christlichen Anwandlungen im Herzen ihres Mannes nicht mehr wunderte. Hatte er ihr doch einmal erzählt, daß er während seines Wehrdienstes, als seine Frustrationen auf dem Höhepunkt waren, einmal Trost bei Franziskus von Assisi, dem Lehrer der Armut, gesucht hatte. Er hatte dann zwar bald gemerkt, daß man mit diesem Heiligen in unserer Gesellschaft keinen Erfolg haben kann, aber im Unterbewußtsein des geschäftstüchtigen Architekten geisterte der fromme Mönch noch immer herum. Zum Glück für Nonnenmacher meldete sich der heilige Franz aber nur sehr selten und behinderte seine Geschäfte nicht weiter.

Am Silvesterabend 1982 wußte Nonnenmacher bereits 73 Eigentumswohnungen sein eigen, und er beschloß, diesen Tag, der mit dem 47. Geburtstag seiner Frau zusammenfiel, besonders festlich zu gestalten. In seinem Büro hatte er von einem Stift Modelle aller seiner 73 Wohnungen herstellen lassen, um seiner Frau eine Geburtstagsüberraschung zu bereiten. »Woisch, Margot«, sagte er beim festlichen Silvestermahl zu ihr, »jetzt hend mir 73 Wohnunga, ond eigentlich isch's emmer no nix, i denk mir oft, wenn mer älle Wohnunga en dr Schtadt hätt, no hätt mer scho koin Ärger mit der Vergleichsmiete ond könnt erscht richtig plane. Aber 73 Wohnunga send emmer no besser als nix, ond daß du amol siehsch, was mir en 23 Ehejohr gleischtet hend, will i dir onser Reich amol zeiga.«

»Jetzt wird er sentimental«, dachte sich Margot leicht amüsiert, und schaute dennoch bewundernd zu, wie ihr Gemahl Wohnung über Wohnung setzte. Als er schließlich sich hoch aufrichtete, um mit einer Fünfeinhalbzimmer-Penthouse-Wohnung dem Ganzen die Krönung zu geben, brach er plötzlich mit einem Herzinfarkt zusammen und verschied an Ort und Stelle in den Armen seiner Frau. Und war doch nur noch 27 Wohnungen von der Wohltätigkeit entfernt gewesen.

# Der Haigerlocher Hunderichter

Auch wenn in unseren Tagen immer wieder Richter des Bundesverfassungsgerichtes ausflippen und noch in hohem Alter Erstaunliches von sich geben, gedeihen die eigentlichen Richterpersönlichkeiten doch nicht bei den Obergerichten. So waren zum Beispiel auch nur leibhaftige Bundesrichter dazu fähig, noch im Jahr 1962 die Liebe zwischen Verlobten als »Unzucht« abzustempeln, während ein Amtsrichter, wie in Horb oder Haigerloch, diese schon damals mit einem gewissen Wohlwollen toleriert und ein Verfahren eingestellt hätte. Der tägliche Umgang mit dem »einfachen Volk« läutert eben den Amtsrichter und verhindert Illusionen über den Volkscharakter, wie sie mancher höchstrichterlichen Entscheidung, insbesondere in Strafsachen, zugrunde liegen.
Ein volksnahes Gericht von hoher Rechtskultur war bis zu seinem traurigen Ende immer das Amtsgericht in Haigerloch gewesen. Zu einer Hochblüte besonderer Art kam es dabei in seiner preußischen Zeit, als ein Amtsrichter, den wir Dr. Bernd Lutterbeck nennen wollen, wegen einer Ehebruchsaffäre von Kiel nach Haigerloch versetzt wurde. Während er mit den Rechtsproblemen seines Amtes souverän fertig wurde, hatte er als Preuße größte

Schwierigkeiten mit der Mundart seiner Gerichtsinsassen, so daß er bald, obwohl dies in den Prozeßordnungen nicht vorgesehen war, und er auch keine Zulage dafür auswerfen konnte, den Justizwachtmeister als Dolmetscher für Schwäbisch einsetzte.

Lutterbeck war vom Amtsgericht Kiel her eine zügige Verhandlungsweise gewöhnt und konnte sich an das gemächliche Tempo der Provinz zunächst schlecht gewöhnen. Insbesondere das bäuerliche Publikum machte ihm sehr zu schaffen. Auch wenn seine preußische Erziehung verhinderte, daß er zu einem wahrhaft volkstümlichen Richter wurde, wie es damals sein Blaubeurer Kollege Dodel vorlebte, entwickelte er im Laufe der Zeit doch Methoden, die den Rechtsvorstellungen des ländlichen Raumes sehr entgegenkamen. So verhandelte er einmal einen Rechtsstreit zweier Empfinger Bauern wegen eines verrückten Grenzsteines schon eineinhalb Stunden. Es war bereits dreiviertel zwölf, die innere Sekretion Lutterbecks hatte bereits eingesetzt, und er sah nicht ein, daß er sich seine Mittagspause wegen eines »verrückten Grenzsteines« in Empfingen schmälern lassen sollte. So bat er kurzerhand die Parteien, ans Fenster zu treten und hinauszusehen. »Seht Ihr die zwei Kastanien hier?« fragte er jovial die Bauern. »Ja, freilich«, meinten diese. »An diesen Kastanien«, fuhr Lutterbeck fort, »wird man euch am Jüngsten Tag aufhängen, wenn ihr euch jetzt nicht einigt.« Diese Drohung ließ die streitbaren Landwirte dann doch zusammenzucken, rasch war der Vergleich geschlossen, und Lutterbeck ging befriedigt in die Mittagspause.

Damals, in der guten alten Zeit, hatten religiöse Ermahnungen eben noch eine Wirkung. Heute hingegen kann man es selbst schon auf dem Pausenhof von Realschülern hören, Himmel und Hölle seien abgeschafft, und es gäbe nur noch ein großes integriertes Gesamtjenseits. Kein Wunder, daß es in einer solchen Gesellschaft die Justiz schwerer hat als damals das Amtsgericht Haigerloch.

Aber das Zivilrecht war eigentlich gar nicht der Schwerpunkt von Lutterbecks Interessen. Der Höhepunkt der Woche war für ihn vielmehr freitags erreicht, wenn Strafsachen anstanden. Und in der Tat ist in Deutschland – von Chefärzten vielleicht abgesehen – niemand Gott ähnlicher als ein deutscher Richter, wenn er Strafsachen verhandelt. Verkehrsdelikte, heute das tägliche Brot bei den Gerichten, gab es damals noch nicht, aber Wilderei, Hehlerei, Körperverletzung und ab und zu auch einmal Sodomie würzten die Verhandlungen in dem ländlichen Bezirk. Lutterbeck, der für seinen Posten intellektuell viel zu gut ausgestattet war und nie länger als zweieinhalb bis drei Stunden brauchte, um seinen Schreibtisch leer zu haben, kompensierte seine überschüssige Kraft dadurch, daß er mit seinem Schäferhund »Cato« halbe Tage auf der Jagd war und abends seinen frankophilen Neigungen nachging.

Nun gibt es unter deutschen Akademikern, vor allem im Südwesten, seit jeher viele Frankophile. Die meisten sind allerdings von der harmlosen Art der Studienräte, die in der »Zeit« eine Frau suchen und sich dabei als frankophil ausgeben, was da heißen soll, daß sie gerne Beaujolais trinken, französischen Käse essen und nichts Rechtes schaffen wollen. Von dieser leichten Sorte war der Kieler Jurist keineswegs, sondern er war nicht nur ein Liebha-

ber des französischen Weines und Käses, sondern auch intimer Kenner der französischen Literatur, wobei Verlaine und Rimbaud seine Lieblingsautoren waren.
Eines Nachmittags saß er nach Dienstschluß um halb drei bei einer guten Flasche Burgunder im Garten und las von Paul Verlaine »Erinnerungen an Arthur Rimbaud«, als es ihn plötzlich durchzuckte. Er las: »›Die Hunde‹, sagte Rimbaud, ›das sind Liberale‹.« Schlagartig erhellte sich für den Amtsrichter ein zentrales Problem des Strafprozesses. »Die Rechtsfindung ist hier ja eigentlich unproblematisch«, dachte er sich. »Die Staatsanwaltschaft schreibt ab, was die Polizei ermittelt und liegt damit meist richtig, so daß wir es in der Regel übernehmen können. Das eigentliche Problem ist die Strafzumessung, und da läßt einen die Wissenschaft im Stich. Dazu braucht man Instinkt und darf nicht voreingenommen sein, man muß liberal sein.« Lutterbeck, der in der langjährigen Freundschaft zu seinem Hund dessen Menschenkenntnis schon oft bewundert hatte, beschloß ab sofort, seinen »Cato«, den er als typischen Liberalen ansah, mit in die Sitzungen in Strafsachen zu nehmen. Vorsorglich blickte er doch noch in die Strafprozeßordnung, aber das Mitbringen von Hunden durch Richter ist dort auch heute noch nicht geregelt, und Lutterbeck beschloß, diese Lücke im Gesetz auszufüllen.
In der Folge gab es am Amtsgericht Haigerloch keine Sitzung in Strafsachen ohne »Cato«, und mancher Zeuge konnte eines Meineids überführt werden, weil »Cato« seine mangelnde Zuverlässigkeit signalisiert hatte. Die Beratungen nach den Verhandlungen, die bei deutschen Gerichten in der Regel sieben Minuten dauern, weil der

Richter so lange braucht, um eine Zigarette zu rauchen, gingen bei Nichtraucher Lutterbeck jetzt noch schneller, denn aufgrund der sorgfältigen Beobachtung von »Catos« Verhalten gegenüber dem Angeklagten hatte er schon in der Verhandlung ein sicheres Urteil gewonnen.

Allein, nichts wird auf Erden so fein gesponnen, als daß es nicht eines Tages aufkommt. Ein Anwalt aus Hechingen, dem »Cato« einmal den erwarteten Freispruch eines Viehdiebes verpatzt hatte, hatte bemerkt, daß Lutterbeck jedesmal, wenn »Cato« mit seinem Schwanz wedelte, einen Strich auf sein Konzeptpapier gemacht hatte, und – Zufall oder nicht – genau so viele Monate bekam sein Klient aufgebrummt. Der Hechinger Jurist, der Lutterbeck schon lange nicht leiden konnte, schaltete das Justizministerium ein, und dieses entsandte sofort inkognito einen Ministerialrat als Beobachter zu einer Strafsachensitzung im Amtsgericht an der Eyach.

»Catos« Instinkte erwiesen sich als untrüglich, denn kaum hatte der Ministerialrat im Gerichtssaal Platz genommen, da stürzte sich »Cato« auf ihn und hätte ihn beinahe zerfleischt, wenn der Amtsrichter sich nicht dazwischengeworfen hätte. Langwierige Untersuchungen begannen, und alles flog auf. 237 Urteile in Strafsachen mußten annulliert werden, und die Justizverwaltung stand vor dem großen Problem, wohin man einen Amtsrichter strafversetzen sollte, der schon in Haigerloch war. Schließlich schickte man Lutterbeck nach Aurich in Ostfriesland, und einer der vielversprechendsten Versuche zur Humanisierung der Strafrechtspflege fand ein unrühmliches Ende.

# Der Bärenkampf von Freudenstadt

Zu den Freudenstädter Ureinwohnern gehörten bekanntlich österreichische Glaubensflüchtlinge aus Kärnten, Krain und der Steiermark, was in manchen Freudenstädter Namen noch anklingt. Kein Abkomme dieser Ureinwohner, sondern erst in den siebziger Jahren zugezogen, beziehungsweise im Urlaub hängengeblieben, war der junge Österreicher Josef Schindler, der bei einer größeren Freudenstädter Firma als Buchhalter arbeitete. Er besaß den typischen Schuß Degeneriertheit, der nach einem bösen Wort den weltbekannten Charme der Österreicher ausmacht, und galt bei seinen Kollegen als etwas harmlos. Schindler war 1,82 Meter groß, wog dabei nur 67 Kilogramm und stellte damit den Typus in Reinkultur dar, den die Mediziner als »leptosom« bezeichnen. Seine scharfe Nase und die darauf ruhende Brille, verbunden mit seiner etwas eckigen Art sich zu bewegen, gaben ihm etwas Flamingohaftes, und so war es auch kein Wunder, daß Josef in der Liebe bislang nicht allzu erfolgreich gewesen war.

Nach dem Grundsatz »Gegensätze ziehen sich an« hatte er sich in die Bedienung seines Stammlokals, eine vollbusige, schwarzhaarige Schönheit namens Eleonore, verliebt, die ihm trotz seiner reichlichen Trinkgelder und sonstigen Aufmerksamkeiten recht reserviert gegenüberstand. Ihr früherer Verlobter war Unteroffizier bei den Fallschirmjägern in Nagold gewesen und hatte, wie sie einmal beiläufig erwähnte, 110 Liegestützen ohne Pause machen können. Diese harmlose Bemerkung ließ Schindler nicht ruhen, er legte sich sofort morgens ein strenges Gymnastikprogramm auf und hatte sich nach drei Monaten schon auf neun Liegestützen gesteigert. Doch spektakuläre Erfolge blieben aus, und sein Bizeps hatte sich in dieser Zeit nur um aufgerundete eineinhalb Millimeter vergrößert.

»Meine ganzen Buchungskünste und EDV-Kenntnisse nutzen mir bei diesem Vollblutweib nichts. Wenn ich nur wüßte, wie ich Eleonore imponieren könnte«, dachte er verzweifelt. Da ergab sich für ihn unverhofft eine Möglichkeit. Der Wanderzirkus »Rex« kam zu einem Gastspiel nach Freudenstadt, und schon nach der ersten Vorstellung sprach sich die große Attraktion herum: der Boxkampf eines Bären gegen Freiwillige aus dem Publikum, denen eine Siegesprämie von 200 Mark winkte.

Josef lud seine Eleonore in die nächste Vorstellung ein, da er hier eine Chance sah, einmal seine Männlichkeit unter Beweis zu stellen. »Rein kräftemäßig ist mir der Bär ja sicher überlegen«, dachte er sich, »er ernährt sich ja auch ganz anders. Aber mit Intelligenz und Technik könnte ich es schaffen. Wenn meine Intelligenz reicht, um einen Computer zu bedienen, sollte ich auch einen Bären bezwingen können«, gab er sich Eleonore gegenüber optimistisch. »Und wenn ich es geschafft habe, gehen wir gleich nach der Vorstellung in den ›Rappen‹ und verjubeln die ganze Prämie.«

»Wenn du moinsch«, sagte diese nur und harrte etwas skeptisch lächelnd der Dinge, die da kommen sollten.

Endlich kam es zum Höhepunkt des Abends. Der Bär, der auf den schönen Namen »Ursus« hörte, wurde in die Manege geführt. Sorgfältig wurden ihm Boxhandschuhe angezogen und gleichzeitig nach einem Gegner für ihn im Publikum gesucht. Nun sind die Verhältnisse im Lande zum Glück so, daß niemand mehr für 200 Mark es riskieren muß, von einem ausgewachsenen Bären verprügelt zu werden, aber es gab ja auch die sportliche Seite bei diesem Kampf. »Wenn ich ihn genau auf die Nase treffe«, meinte Schindler zu sich selbst, »müßte er eigentlich gleich zu Boden gehen.« Stolz blickte er noch einmal die schöne Eleonore an und meldete sich zum Erstaunen des Publikums kampfbereit. Da sich sonst niemand gemeldet hatte, wurde sein Angebot sofort angenommen, und auch er erhielt ein paar Boxhandschuhe übergestreift, wodurch er sich sogleich viel männlicher fühlte.

Die Kämpfer reichten sich auf Geheiß des Schiedsrichters die Hände, und dann machte es »Peng«, und Josef flog vier Meter durch die Luft und blieb liegen. Noch unberechenbarer als Frauen sind nämlich Bären, denn als Schindler »Ursus« noch treuherzig in die Augen blickte, hatte dieser schon ausgeholt und Josef zu Boden gestreckt. Schindler lag in der Manege und regte sich nicht. Eleonore trauerte um ihr Abendessen im »Rappen«, blieb aber recht kühl und stand erst auf, als der Krankenwagen vorfuhr. Mit »Tatütata« wurde der verunglückte Held ins Krankenhaus gefahren, wo man eine mittelschwere Gehirnerschütterung, einen Rippenserienbruch und ein Brillenhämatom diagnostizierte. Drei Wochen mußte der

arme Buchhalter im Krankenhaus bleiben und war dann noch drei weitere Wochen krank geschrieben.
Über 6000 Mark hatte die AOK für ihn ausgelegt und wollte es natürlich wiederhaben. Sie verklagte daher den Zirkus, nachdem man ihn endlich aufgegabelt hatte. Der Fall war ein Festessen für die Freudenstädter Anwaltschaft, deren Kampfeslust ja weithin bekannt ist. Der Zirkusbesitzer hafte als Tierhalter, hieß es in der Klageschrift der AOK-Anwälte. Aber die Anwälte des Zirkus behaupteten, es gelte der Grundsatz, der schon im Alten Testament stehe, »wer die Gefahr suche, komme darin um«. Insofern habe Schindler da noch Glück gehabt. Wenn nämlich ein leptosomer Brillenträger gegen einen Bären antrete, dann sei dies realistisch betrachtet ein verkappter Selbstmordversuch. Eine Haftung des Zirkus müsse da von vornherein ausscheiden.
Trefflich gingen die Argumente hin und her. Das Landgericht Rottweil hatte sein Schauspiel, und wie es bei derlei Prozessen so geht, schließlich schloß man einen Vergleich über die Hälfte ab.
Mehr zu leiden als die AOK hatte freilich unser Josef. Während er im Krankenhaus lag, hatte sich Eleonore einem Bierführer namens Willi zugewandt, der, obwohl er im Leben noch nie einen Liegestütz gemacht hatte, ein volles 100-Liter-Faß vor der Brust halten konnte. Schindler machte eine schwere Krise durch, bis er zu der Erkenntnis kam, man müsse im Leben seine Stärken kultivieren und nicht immer wieder gegen naturbedingte Schwächen anrennen. So beschloß er, sein gutes Gedächtnis zu nutzen und wie in seiner Jugend das Briefmarkensammeln wiederaufzunehmen.

Bald war er ein bekannter Experte für das Deutsche Reich 1871–1918 mit dem Schwerpunkt »Deutsche Kolonien«, von denen er alle »Borek«- und »Michel«-Preise auswendig wußte. Auch erotisch orientierte er sich neu und freundete sich mit einer etwas ältlichen Stenokontoristin an, die sich, was bei Frauen höchst selten vorkommt, auch für Briefmarken interessierte oder wenigstens Josef glauben machen konnte, ihr Herz schlage auch für diese bunten Bildchen. Wie auch immer, beim Betrachten von Josefs Sammlung kamen sich die beiden menschlich näher und schlossen bald den Bund fürs Leben. Schon ein Jahr danach kamen dann gesunde Zwillinge als sichtbarer Ausdruck ihrer Liebe auf die Welt, und alle waren glücklich und zufrieden. In den Zirkus ging Josef aber nie mehr, so alt er wurde.

# Der frustrierte Apotheker

In einem Fremdenverkehrsort des Kinzigtales im schönen Schwarzwald, wo die Menschen noch gesünder sind als die Tannen, befindet sich eine kleine Apotheke, die bis vor kurzem von einem ledigen Apotheker umgetrieben wurde. Er war Mitte 40 und eigentlich in seinen besten Jahren, die aber, wie bei vielen seiner Alterskameraden, von einer ausgeprägten Krise gekennzeichnet waren, die durch seine Frauenlosigkeit noch verschärft wurde.

Den Verkauf in der Apotheke hatte er resigniert weitgehend seinen Angestellten überlassen und saß die meiste Zeit in seinem Stübchen hinter dem Ladenraum, das er stolz als sein »Kontor« bezeichnete. Dort haderte er oft mit seinem Schicksal, mit dem er sich, wie mancher Apotheker, nicht abfinden konnte. »Da studiert man nun zwölf Semester Pharmazie und muß sich dabei schon verächtlich als ›Pillendreher‹ bezeichnen lassen, ja wenn man als Apotheker wenigstens ab und zu Pillen drehen dürfte, aber so wie's läuft, sind wir doch bessere Handlungsgehilfen und geben aus, was verschrieben wird. Ja, bei den Tempotaschentüchern, da dürfen wir gerade noch beraten, ob mit Menthol oder ohne, oder auch bei der Babynahrung einmal einen Tip geben, aber muß man dafür studieren? Und überhaupt die Tempotaschentücher, jeder Kioskbesitzer, der oft nicht einmal mittlere Reife hat, macht uns da Konkurrenz. Nur wenn wir Sonntagsdienst haben, da schlägt unsere Stunde, und da dürfen wir dann der vergeßlichen Hausfrau noch ein Gläschen ›Hipp‹ für ihren Nachwuchs verkaufen. Fortlaufen könnte ich, wenn ich wüßte wohin«, ging es dem Apotheker durch den Kopf.

So ergab er sich seinem Groll, und er wurde nur ab und zu aufgeschreckt, wenn eine seiner Gehilfinnen wieder einmal ein Rezept nicht lesen konnte. Dies waren die wenigen Momente am Tag, wo er sich noch etwas gefordert fühlte, aber das reichte natürlich nicht aus, um ihn zu befriedigen.

»Mit der Pharmazie ist es ein Kreuz«, räsonierte er, »alles spricht von Kostendämpfung, und was wirklich gedämpft wird, ist der Gewinn und die Stimmung des Apothekers. Früher gab es ab und zu noch Medikamente, wo etwas verdient war, mit der Pille in den sechziger Jahren, da lief wenigstens noch etwas. An Knaus und Ogino war nichts zu verdienen, da wurden allenfalls die Hebammen froh, und wenn eine Frau damals fleißig die Pille nahm, brauchte sie meist bald noch ein Kopfwehmittel und ein Schlankheitsmittel, und ihr Mann, wenn's recht lief, ein Potenzmittel, das waren halt noch Erfindungen.« Da der Gewinn seiner Apotheke nicht gerade üppig war und ihm nur ein relativ bescheidenes Auskommen ermöglichte, kam er zu der richtigen Erkenntnis, wenn er schon den Gewinn nicht steigern könne, müsse er die

Kosten senken, und er überlegte krampfhaft, wie er seine Unkosten verringern könne.
Wie jeder Privatmann prüfte er zuerst, ob er eine Zeitung abbestellen könne. Doch er kam rasch darauf, daß das Mitteilungsblatt der Gemeinde und der »Schwarzwälder Bote« für das Geschäft unverzichtbar seien, und an die »Süddeutsche Zeitung«, die er seit studentischen Tagen abonniert hatte, wollte er bei allem Kostenbewußtsein nicht heran. Der Briefträger hatte ihm einmal beiläufig erzählt, er sei der einzige Abonnent dieser Zeitung im ganzen Ort, was ihm in seinen Augen einen Hauch von Exklusivität verliehen hatte. Sosehr er auch seine Kosten durchforstete, er fand nichts, was er hätte einsparen können. Entweder waren die Ausgaben unverzichtbar, oder er hätte seinen Status noch mehr reduzieren müssen, als sein ohnehin schon eingeschränktes Selbstgefühl es noch zugelassen hätte.
So nahm er sich vor, die steuerliche Seite seines Betriebes mit Sorgfalt anzugehen und sich nicht auf die 08/15-Künste eines Steuerberaters zu verlassen. Eines Nachts, als er über seiner Einkommensteuererklärung saß, hatte er dann auch eine zündende Idee. »Wenn ich eines Tages sterbe«, sagte er sich sarkastisch, »dann mit Sicherheit deshalb, weil ich mich in diesem Laden zu Tode ärgere. Das heißt, mein Tod wird praktisch ausschließlich beruflich bedingt sein, und deshalb sehe ich nicht ein«, murmelte er vor sich hin, »daß die ganze Beerdigung mit allem Pipapo das Finanzamt kalt lassen soll. Wenn ich eines Tages in die Grube fahre, wird man die Apotheke anstandshalber zumindest nachmittags schließen müssen, was Einbußen verursacht, dann wird man mit Insera-

ten nach einem Nachfolger suchen müssen, und wahrscheinlich gleich ein paarmal, denn wer will denn in dieses Kaff, und außerdem muß das Personal und die Miete bezahlt werden, bis der neue Mann anrückt, kurzum, da entstehen durch meinen Tod mindestens beruflich bedingte Kosten von fast 30000 Mark. Wenn ich schon ins Gras beiße, soll auch das Finanzamt sein Scherflein zu den Kosten beitragen, es hat mich ja dann lang genug geärgert. »Schließlich«, dachte er sich, »sind dies im Grunde nicht mehr als typische Vorsorgeaufwendungen eines Steuerpflichtigen«, und so schrieb er zu seiner Steuererklärung ein Beiblatt »Rückstellung für Beerdigungskosten, 30000 Mark« und erläuterte die Zusammensetzung dieses Betrages.

Bald danach schickte er die Erklärung mit dem Gefühl »das werden wir doch einmal sehen« an das Finanzamt. Voller Vorfreude leerte er jetzt täglich den Briefkasten, aber er mußte lange warten, bis er seinen Steuerbescheid erhielt, denn das Finanzamt hatte auf EDV umgestellt, und mit EDV wird zwar bekanntlich alles richtig, aber es dauert eben ein bißchen länger. Auf der Anlage zum Bescheid hieß es aber zu seiner abgrundtiefen Enttäuschung: »Die von Ihnen beantragte Rückstellung für Beerdigungskosten widerspricht dem geltenden Recht und kann auch nicht als Vorsorgeaufwendung anerkannt werden. Als Vorsorgeaufwendungen können allenfalls Maßnahmen der Daseinsvorsorge, nicht aber der Jenseitsvorsorge geltend gemacht werden. Die Steuerpflicht erlischt mit dem Tode des Steuerpflichtigen. Dieser Rechtswohltat entspricht es, daß Aufwendungen des Steuerpflichtigen, auch wenn sie beruflich bedingt sind,

nur bis zu diesem Zeitpunkt geltend gemacht werden können.«
»Nicht einmal beim Sterben hilft einem das Finanzamt«, seufzte er, und er war froh, als es im Laden klingelte und er wenigstens eine große Packung »Pampers« verkaufen konnte.

# Der fromme Metzger

Das älteste Gewerbe der Frauen hat bekanntlich einen recht unrühmlichen Ruf. Dafür gilt als ältester Beruf des Mannes der durchaus ehrbare Stand des Metzgers, wie die kürzlich erschienene »Kunstgeschichte des Fleischerhandwerks« mit Stolz vermerkt. In diesem eindrucksvollen Werk wird auch berichtet, der Renommierschwabe Hans-Ulrich Megerle aus Kreenheinstetten, besser bekannt als Wiener Kanzelredner Abraham a Santa Clara, sei so weit gegangen zu behaupten, Gott sei der erste Fleischhacker gewesen. Wie dem auch sei, gibt es doch in diesem Beruf noch heute manchen gottesfürchtigen Mann. Einer von diesen war Norbert Bofinger, der in einer Landgemeinde unweit Rottweils eine Metzgerei betrieb. Er hatte einen Gesellen und einen Lehrling, und seine Frau Mechthild und eine Verkäuferin standen im Laden, der sich guten Zuspruchs erfreute, und dessen gut gewürzte Schinkenwurst man besonders lobte.

Bofinger war 1946 Gründungsmitglied des Ortsverbands der CDU gewesen, wo er sich in den letzten Jahren aber nur noch selten sehen ließ. Dagegen waren er und seine Frau eine tragende Stütze der Kolpingfamilie, und ihre wenige Freizeit opferte Mechthild noch im Elisabethen-

verein auf, seit ihre beiden Kinder aus dem Haus waren. Bofinger war ein Metzger vom alten Schrot und Korn, der aber privat keiner Fliege etwas zuleide tat und nach dem Grundsatz lebte: »Ein gutes Gewissen ist das beste Ruhekissen.« So erschrak er auch keinesfalls, als sich zum erstenmal nach 30 Jahren die Betriebsprüfung des Finanzamtes Rottweil bei ihm einstellte. Er führte den Prüfer, der sich als Amtmann Riest vorstellte, geduldig und nicht ohne Stolz durch den Betrieb. Riest war von der Sauberkeit in Bofingers Metzgerei stark beeindruckt, nahm aber mit Verwunderung das Kruzifix in einer Ecke des Ladens zur Kenntnis. Nun hatte er in seiner langjährigen Praxis als Betriebsprüfer schon manchen bigotten Steuerpflichtigen erlebt und wußte, daß man in solchen Fällen stets besonders vorsichtig sein mußte, aber Bofinger wirkte alles andere als bigott und erschien ihm als die Verkörperung der Redlichkeit.

Andererseits waren die Gewinne, die Bofinger in den letzten Jahren erwirtschaftet hatte, äußerst niedrig und pendelten nur um die 40 000 Mark herum, was weit unter den Richtwerten lag und den Verdacht auf Unregelmäßigkeiten nahelegte. »Man wird sehen«, dachte sich Riest und machte sich schön entlang des »Prüfungsleitfadens für Fleischereien« der Oberfinanzdirektion Freiburg, den er längst auswendig kannte, an die Prüfung.

Im Wohnzimmer hatte ihm die Metzgerin ein Plätzchen hergerichtet, und er befragte den Metzger dort über Art und System der Buchführung, der Kassenführung, den Vieheinkauf und den Fleischzukauf und alles das, was das Finanzamt bei einem Metzger so interessiert. Je länger Riest sich dann in das Zahlenwerk der Buchfüh-

rung einarbeitete und seine Prüfungen durchführte, desto mysteriöser wurde ihm der Fall. »Es scheint alles zu stimmen, aber die Gewinne sind einfach zu niedrig«, dachte er sich. Als er Bofinger seine niedrigen Gewinne vorhielt, sagte dieser nur: »Ha, wisset Se, ons langts guat ond wieso soll i von de Leut meh verlanga als i selber zom Leba brauch, i bin praktizierender Katholik ond han do meine eigene Vorstellonga. Sehn Se, bei mir koschtet 100 Gramm Schenkeworscht emmer no 1,34 Mark ond zwar scho seit vier Johr. Z'Rottweil dren verlanget se scho bis zu zwei Mark, ond Leit, wo scho vergliche hend, saget, daß meine no lang besser sei. I woiß ja, Herr Riest, daß Se keine Gschenk anehma derfet, aber zom Veschper sottet Se mei Schenkeworscht au amol probiere.«
Riest war völlig durcheinander, denn sein ganzes System der Betriebsprüfung war erschüttert. Er probierte zum Vesper die Schinkenwurst, die wirklich erstklassig war und prüfte dann, wenn auch ohne Erfolg, weiter. Das Häutebuch war ordentlich geführt und die Eintragungen glaubhaft, auch die Einnahmen aus dem Verkauf von Rinderfett waren sauber verbucht, und Riest hoffte, Bofinger wenigstens bei den Einnahmen aus Hausschlachtungen, einer beliebten Schwarzeinnahme der Metzger, zu fassen. Bofinger hatte pro Jahr nur drei bis vier Hausschlachtungen verzeichnet, und das schien Riest bei der Größe des Ortes doch reichlich wenig. Aber der Metzger hatte auch hier eine glaubhafte Erklärung parat. »Gucket Se, Herr Riest«, erklärte er dem Prüfer, »mir send jetzt zwar a große Gemeinde worda, aber bei ons wohnet doch fascht bloß zuazogne Schtädter, wo wellet Se denn in dene Neubaugebiet a Sau halte, do isch doch nix dren.«

Riest war jetzt mit seinem Latein am Ende und brach die Prüfung erst einmal ab, um die sonderbare Angelegenheit mit seinem Sachgebietsleiter zu besprechen. Der Sachgebietsleiter war ein zugewanderter Hamburger namens Hinrichsen, dem es gelungen war, nach dem Studium im wunderschönen Rottweil Fuß zu fassen, und der aufgrund seines Fleißes und seiner hohen Prädikatsexamen rasch Regierungsdirektor geworden war. »Was, auf einen praktizierenden Christen sind Sie da gestoßen, lieber Riest, daß ich nicht lache, so etwas gibt's doch gar nicht mehr unter unseren Kunden«, reagierte Christianssen auf Riests Bericht amüsiert. Doch Riest legte nochmals alle Umstände des Falles dar und bat um einen Rat, wie er weitermachen solle. »Ja, was soll man da machen«, erwiderte Hinrichsen, »ich glaube, ich seh mir diesen komischen Vogel einmal selbst an, in Hamburg wäre so etwas allenfalls im Witzblatt denkbar.«
So fuhr man rasch hinaus zu Bofinger, der mit Schlichtheit, aber auch mit Würde nochmals seinen Betrieb vorführte und seine Geschäftsgrundsätze erläuterte. Hinrichsen sah und hörte sich alles mit Interesse an und sagte dann zu dem staunenden Metzger: »Wissen Sie, Herr Bofinger, die Prüfung ist ja noch nicht abgeschlossen, und wir haben da unsere Zweifel, aber wenn das stimmt, was Sie sagen, dann kann ich nur sagen, so gefährden Sie unser Wirtschafts- und Gesellschaftssystem mehr als mancher Kommunist.« Bofinger schluckte schwer, aber Hinrichsen ließ sich nicht aufhalten. »Wo kämen wir denn da hin«, fuhr er fort, »wenn jeder nur noch so viel verdienen würde, wie er zum Leben braucht. Sie als Unternehmer haben die Pflicht, herauszuholen,

was der Markt hergibt, sonst kommt das ganze System durcheinander. Sie gefährden ja mit Ihren Methoden nur das Wirtschaftswachstum und verhindern das Steigen des Bruttosozialprodukts. Als ob wir nicht schon Sorgen genug hätten mit unserer Wirtschaft.«

Bofinger wollte gerade einlenken und am Beispiel der Schinkenwurst darlegen, daß es doch viel sozialer sei, mit bescheidenem Gewinn zu arbeiten, man habe ja schließlich eine soziale Marktwirtschaft und nicht eine freie, aber Hinrichsen war zur Diskussion nicht aufgelegt. »So kann man auch einen Staat zugrunde richten«, meinte er zu Bofinger kurz, für den in Minuten eine Welt zusammengebrochen war. »Herr Riest wird morgen wieder kommen, und dann wollen wir ja sehen«, verabschiedete er sich knapp und verschwand mit Riest, dem der ganze Auftritt etwas peinlich war.

»Einen Christen dieser Art im Bezirk verkraften wir ja gerade noch«, meinte der Regierungsdirektor zu Riest, als sie in den Wagen stiegen, »aber Schule machen darf das nicht.« – »Da habe ich keine Befürchtungen«, antwortete Riest, »ich prüfe jetzt seit 19 Jahren, aber auf so einen Fall bin ich noch nie gestoßen, die Christen sind rar geworden in diesem Land, und uns kann das nur recht sein, sonst wären wir am Ende womöglich noch überflüssig.«

# Alter schützt vor Torheit nicht

Tief im mittleren Schwarzwald, in einer Gegend, in der das »kalte Herz« des guten Wilhelm Hauff gespielt haben könnte, befand sich am Rande eines größeren Dorfes die Elektroapparatefabrik des Eugen Klink. Seine rechte Hand war bis zu seinem Tode Emilie Koch gewesen, die es in seiner Fabrik von der kaufmännischen Gehilfin bis zur Prokuristin gebracht hatte. Zu ihrer Karriere hatte vor allem beigetragen, daß sie, obwohl keine Schönheit im landläufigen Sinne, ein paar Jahre nach ihrem Eintritt in die Firma zur Geliebten Klinks aufgestiegen war.
Dieser begnügte sich, wie viele Menschen, aber nicht nur mit einem Laster, sondern war zugleich auch ein starker Trinker. Wie alle Frauen, die sich mit Männern einlassen, die viel Alkohol trinken, mußte Emilie schon nach wenigen Jahren feststellen, daß es »nemme des« mit ihm war, und das Liebesverhältnis sich im Laufe der Zeit immer mehr zur Pflege an Klink veränderte. Wenn es auch »nach Dienst« nicht mehr so lustvoll war wie am Anfang ihrer Beziehung, so arbeiteten sie geschäftlich doch nach wie vor sehr gut zusammen.
Klinks Elektroapparate waren konkurrenzlos, und mit einer sehr einfachen, aber wirkungsvollen Methode ge-

lang es ihm, sich am Finanzamt vorbei zusätzlich zu bereichern. Der Trick bestand ganz einfach darin, einen Teil der eingehenden Kundenschecks nicht zu verbuchen und zur Verheimlichung die dazugehörigen unverbuchten Rechnungsduplikate der Buchhaltung vorzuenthalten. Die einbehaltenen Schecks wurden dann dem gemeinsamen Privatkonto von Klink und Emilie gutgeschrieben und davon Aktien gekauft, die in einem Bankschließfach verschwanden. Auf diese Weise hatte das Paar im Laufe von zwei Jahrzehnten Aktien im Wert von über vier Millionen Mark abgezweigt.
Doch die geplanten großen Reisen, die sie sich für das Alter vorgenommen hatten, wurden nicht mehr durchgeführt, denn bei Eugen Klink hatte sich eine Leberzirrhose herausgebildet, die schließlich zu seinem Tod führte. Da ein Unglück selten allein kommt, kam jetzt auch nach längerer Pause die Betriebsprüfung in den Betrieb, denn dem Finanzamt war Klinks Firma schon seit einiger Zeit nicht mehr ganz koscher vorgekommen. Wie unvermeidbar, kamen die Praktiken Klinks und Emilies jetzt schnell ans Licht, und es begannen saure Wochen und Monate für Emilie Koch, die sich nun auch einem Prozeß der Erben von Eugen, angeführt von seiner rachsüchtigen Witwe, ausgesetzt sah. Das Schließfach hatte sie beim Herannahen des Betriebsprüfers gerade noch rechtzeitig leeren und den Inhalt in die Schweiz bringen können, aber das Finanzamt konnte ihr nachweisen, daß sie mindestens drei Millionen auf die Seite gebracht hatte und forderte von ihr Einkommensteuer für die Dividenden und Schenkungssteuer für die Aktien über rund zwei Millionen.

Doch Emilie blieb stur wie ein Panzer und prozessierte mit größter Hartnäckigkeit und nicht ohne Erfolg. Die Finanzverwaltung kaute schwer an ihrem Fall. Zwar trifft den Steuerpflichtigen, der seine Kfz-Steuer einmal versehentlich nicht zahlt, der Hammer des Gesetzes voll, und der Vollziehungsbeamte steht dann schnell vor der Tür, wenn aber die Steuerschulden steigen und einmal Millionenhöhe erreichen, steigt auch der Respekt der Steuerverwaltung vor dem Schuldner. Und so auch hier. Nachdem man die Akte lange genug herumgeschoben hatte, wollte man endlich eine eidesstattliche Versicherung von ihr, daß sie nicht noch mehr besitze, aber Emilie zeigte dem Fiskus die Zähne und ging für sechs Monate in Erzwingungshaft auf den Asperg. Während es im 19. Jahrhundert noch eine hohe Ehre war, auf dem Asperg einzusitzen, ist diese Adresse inzwischen sehr heruntergekommen, und Emilies Zähigkeit nötigte allen Beteiligten großen Respekt ab. So blieb es auch bei der ursprünglichen Forderung des Finanzamtes.

Vom Asperg zurück, hatte Emilie das Gefühl, sich etwas gönnen zu dürfen. Sie war inzwischen 56 geworden, und die Jahre an der Seite Klinks waren nicht einfach gewesen, vom Streß der Betriebsprüfung und der Prozessiererei ganz zu schweigen. So fuhr sie denn zur Kur nach Baden-Baden. Sie verzichtete leichten Herzens auf Besuche im Spielcasino, wußte sie doch noch sichere zwei Millionen Mark im Safe der Schweizer Bankgesellschaft in Zürich, regelmäßig aber war sie beim Kurkonzert und genoß es, vor den Cafés in der Maiensonne zu sitzen und Erdbeertörtchen zu verzehren.

Dazu studierte sie die »Frankfurter Allgemeine«, wobei

sie allerdings die Politik weniger und das Feuilleton gar nicht interessierte, während sie ihre ganze Aufmerksamkeit dem Wirtschaftsteil und vor allem dem Börsenkasten zuwandte. Diese Lektüre blieb nicht unbemerkt, denn als sie eines Tages mit der Ehrfurcht des Aktienbesitzers vor der Börse die Kurse verglich, sagte eine sonore Stimme vom Nebentisch her: »Jetzt sollte man Daimler haben, nicht wahr?« Emilie schaute auf und erblickte einen gepflegten Herrn um die 50, der ein Gläschen Campari vor sich hatte und sie mit gewinnendem Lächeln ansah. »Ich bin meinem Informationsdienst gefolgt und habe meinen ganzen Daimler-Besitz in AEG umgeschichtet, und jetzt habe ich den Salat«, meinte ihr Gegenüber etwas resigniert, aber ohne Verbitterung. Emilie war weit davon entfernt, sich in die Karten gucken zu lassen und sagte nur sibyllinisch: »Mit Daimler fährt man immer gut.« Obwohl Emilie in den herben Jahrzehnten neben Klink das heitere Spiel des Flirts schon verlernt hatte und von ihrer Sinnlichkeit nur der Erwerbssinn voll ausgebildet war, genoß sie doch das Interesse des eleganten Herrn, der sich schließlich als Dr. Thorolf Buchter vorstellte. Kurzum, Emilie hatte ihren Kurschatten gefunden.

Thorolf legte sich sehr ins Zeug, und die linde Luft an der Oos tat ein übriges. Was Teenager sich nie vorstellen können, nämlich daß man auch jenseits der 50 noch erotische Gedanken haben und an glücklichen Tagen sogar in die Tat umsetzen kann, wurde bei Emilie und Thorolf wahr. Emilie erlebte einen zweiten Frühling, wie er schöner nicht sein konnte, und die beiden begannen, Zukunftspläne zu schmieden. »Weißt du, Emmy, ich gebe diesem Staat hier bei uns wenig Chancen auf Dauer, das ist doch alles schon kommunistisch unterwandert, eines Tages schnappen uns die Russen ja doch. Auf die Bundeswehr ist da auch kein Verlaß. In einem Informationsdienst habe ich gelesen, es gebe Anhaltspunkte dafür, daß bei der Bundeswehr ein Geheimbefehl existiert, nach dem die Bundeswehr im Verteidigungsfall mit Rücksicht auf die zarte Gesundheit der jungen Wehrpflichtigen gar nicht eingesetzt werden darf, sondern gleich alles kampflos übergeben wird. Da hilft nur eines: auswandern!«, räsonierte Thorolf eines Tages.

Emilie, die sich auch schon entsprechende Sorgen gemacht hatte, fand die Idee gar nicht schlecht, als ihr Freund schon fortfuhr: »Ich habe da ein Angebot aus Kanada, bei dem ich 1000 Hektar mit erstklassigem Waldbestand und einem kleinen See mit Blockhaus für nur zwei Millionen Mark erwerben könnte, aber ich bin im Moment nicht flüssig.« Emilie sah sich in Gedanken schon mit Thorolf vor dem Blockhaus am See nach guter deutscher Sitte Würstchen grillen, und da die Liebe ihre Instinkte eingeschläfert hatte, ging sie auf das Geschäft ein. Sie verkaufte ihre Aktien über die Schweizer Bank und gab das Geld Thorolf, um die Grundstücke in Kanada zu erwerben.

Von dieser Stunde an sah sie ihn und ihr Geld nie wieder. Da sie aber eine genaue Beschreibung der Lage der Grundstücke hatte, fragte sie bei der Deutschen Botschaft in Ottawa nach ihrer Beschaffenheit und ihren Besitzverhältnissen an. Von dort mußte sie aber zu ihrem Entsetzen hören, es handle sich keineswegs um Waldgrundstücke, vielmehr sei dieses Gelände, wie alle Gebiete

nördlich des 70. Breitengrades, im Jahresmittel von zirka 30 Meter Packeis zugedeckt und praktisch wertlos. »Und so was muß mir passieren, die ich 20 Jahre neben Eugen Klink und sechs Monate auf dem Asperg ausgehalten habe«, seufzte Emilie.
Sie faßte sich aber erstaunlich rasch und dachte für sich: »Was soll's, in vier Jahren bekomme ich Rente von der BfA – und nicht zu wenig –, und so lange muß ich halt noch durchhalten. Als ich noch Millionär war, habe ich im Grunde immer nur Kummer und Sorgen gehabt. Es geht halt doch nichts über die deutsche Sozialversicherung, wenn man ins Alter kommt, und mancher Millionär wäre heute froh, er hätte wie ich im Ruhestand eine richtige Rente.«

# Die verpatzte Wahl

In einer Kurstadt des südlichen Schwarzwaldes, die sich ihrer Solequellen rühmt, fand vor einiger Zeit eine Bürgermeisterwahl statt. Da der Ort bei der Verwaltungsreform viele Landgemeinden eingemeindet hatte und die Stelle mit dem Posten des Kurdirektors verbunden und daher finanziell sehr attraktiv war, fühlten sich auch viele Bewerber angezogen. Unter diesen befand sich auch ein leibhaftiger Ministerialrat aus einem Stuttgarter Ministerium, den wir Dr. Keller nennen wollen. Seine Karriereberechnungen, die er stets sehr sorgfältig durchgeführt hatte, hatten ergeben, daß er bei normalem Verlauf der Sterblichkeit in seinem Ministerium erst in zwölfeinhalb Jahren eine Chance hatte, zum Leitenden Ministerialrat ernannt zu werden, und da er sich mit seinen 43 Jahren noch jung und aktiv fühlte, war er froh, daß sich hier eine Chance bot, dem »Frust« im Ministerium zu entrinnen. Er beschloß daher, als er von der Wahl erfuhr, sofort aktiv zu werden und wandte sich sogleich an den zuständigen Landtagsabgeordneten.

Dieser war hocherfreut, daß solch ein hoher Herr zu ihnen in den Schwarzwald wollte und signalisierte der örtlichen Partei dessen Interesse mit dem Hinweis, daß es

sich um einen »guten Mann« handle, der dazu noch das richtige Parteibuch und das richtige Gesangbuch habe. Wie in Hessen und Bayern, geht nämlich auch im südlichen Teil unseres Landes nach Ansicht der Parteigremien nichts, ohne daß ein Bürgermeisterkandidat das richtige Parteibuch hat. Das Merkwürdige ist, daß die Bürger sich neuerdings an solche orthodoxe Überlegungen nicht mehr halten und oft wählen, wen sie gerade wollen, was man füglich schon als Entartung der Demokratie bezeichnen könnte. Jedoch das Parteibuch bei Dr. Keller stimmte, und er war sogar nicht erst in der Hochblüte seiner Partei Mitglied geworden, sondern schon in den sechziger Jahren Mitglied ihrer Jugendorganisation gewesen.
Genauso richtig war sein Gesangbuch, von dem er allerdings privat recht wenig Gebrauch machte. Man verlangt ja auch von einem Bürgermeisterkandidaten nur, daß er in der Kirche »ist« und nicht, daß er in die Kirche »geht«, und dies ist auch sehr realistisch, da ein Bürgermeister einer größeren Gemeinde am Sonntagvormittag Ausstellungen zu eröffnen hat oder dergleichen oder wenigstens einmal mit seiner Familie in Ruhe frühstücken möchte. So wird nicht erwartet, daß die Kirchenzugehörigkeit über die Zahlung der Kirchensteuer hinausgeht und der Kandidat gar ein praktizierender Christ ist, denn der Bürger weiß hierzulande ganz genau, daß das Christentum in der Kommunalpolitik wie auch in der »großen Politik« kaum praktizierbar und sogar eher hinderlich ist.
So genügt es in der Regel, daß im Süden des Landes der Kandidat katholisch und im Norden evangelisch »ist«, was auch immer sich hinter dieser Zuordnung verbergen mag. Solange die Ausländer kein Wahlrecht haben, wird

dies auch so bleiben, aber vielleicht werden bei Kommunalwahlen im Jahr 2000 einmal die türkischen Mohammedaner und nicht mehr die Freien Wähler das Zünglein an der Waage spielen, und dann wird es schwierig werden. Aber die Kommunalpolitiker werden findig genug sein, auch dann den richtigen Dreh zu finden, indem man dann vielleicht einen konservativen, liberalen, sozialen, toleranten Atheisten als Gemeinschaftskandidaten aufstellt. Doch noch sind wir nicht so weit, und bei Dr. Keller war ja soweit alles in bester Ordnung.

Von einem Bürgermeister aber, und deshalb scheiden viele von vornherein für dieses Amt aus, verlangt man auch noch eine heile Welt in seiner Familie. Nach einer ungeschriebenen Regel hat ein Junggeselle hier keine Chance, obwohl er eigentlich der Idealkandidat wäre, da er es sich ohne familiäre Rücksichten erlauben kann, jeden Abend auf einer anderen Hochzeit zu tanzen. Der Wunschkandidat unserer Bürger muß aber glücklich verheiratet sein, zumindest, wenn er zur Wahl antritt, und möglichst zwei Kinder, am besten einen Jungen und ein Mädchen haben. Am Glück dieser Bürgermeisterfamilie möchte dann auch die ganze Stadt teilhaben. Denn wenn auch die Welt von »Caroline« und »Silvia« in der Regel viel interessanter ist, so erfährt man von ihnen und ihrer Familie doch nur aus bestimmten Zeitungen, während man vom Glück oder Unglück der Bürgermeisterfamilie schon beim Einkaufen oder auf dem Tennisplatz viel Wichtiges erfahren kann.

Dr. Keller präsentierte sich auch hier in Glanzform. Er hatte eine Tochter von elf und einen Buben von sieben Jahren und eine liebenswürdige Ehefrau, die sich für

Familie, Haus und Garten aufopferte und ihren Beruf als MTA sofort an den Nagel gehängt hatte, nachdem sie sich ihren Mann geangelt hatte. So sprach von vornherein viel für den Kandidaten Dr. Keller, und man sah mit Spannung seiner Vorstellung vor der Findungskommission entgegen, die aus den wichtigsten Stadträten und Parteimitgliedern des Heilbades bestand. Dr. Keller hatte sich sehr gut vorbereitet, indem er seine Kollegen in den Ministerien angezapft hatte und fast mehr über die Stadt und ihre Probleme wußte, als den örtlichen Instanzen selbst bewußt war. So hielt er ein eindrucksvolles Referat, bei dem ihm seine ministerielle Schulung sehr zustatten kam und entwickelte seine kommunalpolitischen Pläne für die nächsten 20 Jahre.

»Das ist unser Mann«, war die allgemeine Meinung nach seiner Vorstellung, und man beschloß einstimmig, ihn im Wahlkampf zu unterstützen. Dieser lief für ihn auch zunächst sehr gut. In einem Badeort weiß man großstädtisches Auftreten zu schätzen, und so hatte er in der Kernstadt bald viele begeisterte Anhänger unter den Geschäftsleuten, die sich den großen Aufschwung des Bades von ihm erhofften. Schwerer tat sich Keller in den Teilorten, die zum Teil noch stark bäuerlich geprägt waren, und wo er den Landwirten etwas zu glatt war. In einem dieser Orte ereilte ihn denn auch sein Schicksal. Drei Wochen vor der Wahl hatte er in einem etwas entlegenen Stadtteil eine, wie immer, sehr gut besuchte Versammlung und entwickelte vor den beeindruckten Zuhörern wieder einmal seine kommunalpolitischen Zielvorstellungen bis ins Jahr 2000. Er sprach viel von der »Integration« der Ortsteile und der »Kommunikation«

der Verwaltung mit den Bürgern, und was man halt bei derlei Anlässen so sagt. Alles schien den normalen Verlauf zu nehmen, als sich in der Diskussion ein alter Bauer zu Wort meldete und erklärte: »Was Se gsait hend, isch jo älles recht ond guat, ond mir send ons da jo au einig, aber was i scho lang amol wissa wella han, was haltet Se denn eigentlich von der künstlicha Besamong?« Anstatt daß der konservative Kandidat nun gesagt hätte, er sei dagegen, weil man den Viechern auch einmal eine Freude lassen müsse, und Farrenhalter sei ein altehrwürdiger Beruf, verhedderte sich der sonst so beschlagene Ministerialrat total. Durch eine Fehlschaltung in seinem Hirn aufgrund zuvor gelesener Zeitungsberichte über die Verwilderung der Sitten in den USA, verwechselte er das Problem mit der künstlichen Befruchtung bei Frauen und erwiderte vor dem staunenden Publikum, in Kalifornien gäbe es dies, wie er wisse, schon seit einiger Zeit, aber für unseren Kulturraum hätte er doch erhebliche religiöse und ethische Bedenken.
Ein Riesengelächter erhob sich. »Z'Kalifornie, z'Kalifornie«, johlte der Saal, »do wella mer decka lasse, do.« Kurzum, die Versammlung ging aus den Fugen. Der Zwischenfall sprach sich rasch herum, und da Lächerlichkeit bekanntlich tötet, konnten Kellers Freunde aus der Kernstadt ihn nicht davor bewahren, am Wahltag nur auf Platz zwei zu landen; drum sollte der Schuster eben auch bei seinen Leisten bleiben.

# Die Flucht ins Altersheim

Wer die Dornhaner Platte kennt, weiß, daß dort oft ein rauher Wind weht. Kalt ist es dort aber nicht nur draußen auf den Feldern, sondern, wie überall, auch in den Herzen mancher Menschen und auch nicht weniger Eheleute. Ein solches Ehepaar, bei dem der Frost das Klima der Ehe bestimmte, waren Melanie und Anton Hellstern. Anton, Jahrgang 1912, war vom Polenfeldzug her schwer kriegsversehrt.

»Kaum hot dr Kriag agfanga g'het, wer kriagt als erschter an Schuß, dr'mei natierlich!«, pflegte Melanie oft zu sagen. »Grad 14 Tag hend mir uff dr Reichenau Flitterwoche g'het, ond glei druff war i no no mit ama Krüppel verheirotet«, hatte sie immer wieder verbittert erklärt und mit ihrem Schicksal gehadert. In der Tat hatte es Anton schwer getroffen. Als Infanterist war er im September 1939 bei einem Spähtruppunternehmen in MG-Feuer geraten und über ein Jahr im Lazarett gelegen. Lange konnte er überhaupt nicht mehr gehen und sich später dann nur sehr mühsam an Krücken fortbewegen, und immer wieder versagten die Beine ganz den Dienst. Anton war 100 Prozent kriegsbeschädigt, aber wer die Kriegsopferversorgung kennt, weiß, daß diese Renten immer sehr knapp waren.

Da er seinen erlernten Beruf als Wagner nicht mehr ausüben konnte, war durch seine Verwundung auch die wirtschaftliche Basis der Ehe schmal geworden, aus der 1940 noch der Sohn Albert hervorgegangen war. Zum Glück lebten die Hellsterns, wie die meisten Leute auf dem Land, im eigenen Haus, das Anton von seinen Eltern ererbt hatte, und von daher verfügten sie auch über einigen Grundbesitz, der überwiegend landwirtschaftlich genutzt wurde.

Da Anton als Arbeitskraft völlig ausfiel, mußte Melanie zwangsläufig sich allein in der Landwirtschaft betätigen, wie es in der Kriegszeit das Los so vieler Frauen gewesen war. Solange sie auf dem Feld war, hütete Anton den kleinen Albert, den er aufgrund seiner Behinderung allerdings mehr schlecht als recht versorgen konnte. Das lang erwartete Kriegsende brachte dann wenig Veränderungen für die Hellsterns. Albert kam in die Schule, und ganz allmählich besserte sich im Zuge der allgemeinen Entwicklung auch die wirtschaftliche Lage der Familie Hellstern, zumal wiederholt Bauplätze verkauft werden konnten. Was sich aber fortlaufend verschlechterte, waren die Beziehungen der Eheleute zueinander.

Melanie war immer mehr zur Chefin der Familie geworden, die ihren siechen Mann als Ballast empfand. Seine Hilflosigkeit weckte nicht mehr Mitleid, sondern gerade umgekehrt empfand sie oft nur noch Verachtung für ihren Mann. Auf der anderen Seite war Anton von seiner Frau nicht nur physisch, sondern auch psychisch immer abhängiger geworden, was bei ihm freilich weniger Dankbarkeit erzeugte als Aggressionen, weil er merkte, daß er nicht mehr mitreden konnte und sein Rat nicht gefragt war. So klebten sie zusammen und lebten sich zuleide. Abwechslung gab es wenig. Melanie hatte außer Haus genügend »Ansprache«, um nicht zu verkümmern. Aber für Anton gab es keinen Ausweg aus der häuslichen Isolierung, da es ihm, was er immer wieder probiert hatte, nur schlecht möglich war, das Haus alleine zu verlassen.

So war es für ihn, wie für viele Behinderte, ein wahrer Segen, als das Fernsehen eingeführt wurde, das die Abende kurzweiliger machte. Es ist ja allgemein so, daß das Fernsehen der Freund der Einsamen im Lande ist und für viele oft den wichtigsten Kontakt zur Außenwelt darstellt. So wurde das Leben für die beiden etwas erträglicher, wenngleich sich Melanie immer wieder darüber aufregte, daß sich Anton schon lange vor Beginn des Abendprogramms in Positur setzte, während sie mit dem Haushalt noch lange nicht fertig war.

Albert, ein sehr stiller Knabe, war inzwischen aus der Schule gekommen und machte eine Lehre bei der Post, die als Arbeitsplatz im ländlichen Raum schon immer sehr begehrt war. Kaum ausgelernt, ging er dann nach Stuttgart, wo er früh heiratete und nur noch selten heimkam.

Lange bevor die Illustrierten dies mehr oder weniger offiziell empfahlen, ging Melanie als gesunde, vitale Frau, die neben Anton auf diesem Gebiet viel entbehrt hatte, auch ein paarmal mit einem Gastwirt »nebennaus«. Dergleichen Episoden wiederholten sich, doch Anton merkte zu seinem Glück nichts davon, obwohl er im Laufe der Jahre immer wieder Ansätze zur Eifersucht gezeigt hatte.

So gingen die fünfziger Jahre ins Land, und die sechziger

Jahre kamen, ohne den Hellsterns eine spürbare Verbesserung zu bringen. Anton konnte jetzt aber etwas besser laufen, und sein ganzer Stolz war es, wenn er am Monatsende seine »KB«-Rente auf der Post holen und seiner Frau das Haushaltsgeld geben konnte. In diesen Momenten fühlte er einen Rest von Nützlichkeit in sich, was freilich das Eheklima nicht mehr beeinflussen konnte. Seine Frau, die jetzt in die Wechseljahre gekommen war, hatte nun genug mit sich selbst zu tun und war der Fürsorge für ihren Mann längst mehr als überdrüssig. Wie bei allen Kriegsversehrten, wechselten sich bei Anton gute Zeiten mit schweren Rückschlägen ab, und dann konnte es geschehen, daß sie ihn vor Zorn über ihr Schicksal auch einmal liegen ließ, wenn er sich zum Abort schleppen wollte. Auch kam es immer wieder vor, daß sie am Fernseher einfach das Programm wechselte oder abschaltete, wenn es ihr nicht paßte und sie ihren Mann ärgern wollte.

Eines Tages, Anton stand mittlerweile kurz vor seinem 60. Geburtstag, hielt er Rückschau über sein Leben und sagte sich: »Grad a halbs Johr war i glücklich verheiratet, ond no isch dr Kriag komma, ond seitdem bin i an Krüppel ond leid onder meira Frau. Ja, han i denn gar koi Recht uff a bißle Glück. Vom Schtaat kriag i des bißle Rente ond mei Frau guckt me schiaf a, weil i halt net be wia die andere. Kann i denn ebbes drfür, daß 's mi em Kriag verwischt hot? War i denn zo meira eigne Freid z'Pola dabei, oder wia isch des eigentlich? Wer woiß, wia lang i no z'lebet han. Lang wird's wohl nemme sei, aber die alte Tag will i wenigschtens ruhig ond friedlich verleba. Drom muaß i weg vo do, so bald's goht. Z'Alpirsbach isch a sches Altersheim, ond do will i bleiba bis i schterb. No han i wenigschtens mei Ruah, ond d' Melanie ka mache, was se will.«

Nachdem er diesen Entschluß einmal gefaßt hatte, ging Anton daran, ihn sorgfältig ins Werk zu setzen. Heimlich meldete er sich im Alpirsbacher Heim an, schnürte sein Bündel und fuhr bei Nacht und Nebel mit dem Taxi nach Alpirsbach. Als seine Frau erfuhr, wohin ihr Mann geflohen war, erfaßte sie eine Mischung aus Freude und Wut zugleich. Energisch wie sie war, ging sie sogleich zu einem Rechtsanwalt nach Freudenstadt, um ihren Anton auf Unterhalt zu verklagen. Dieser Anwalt hörte sich die Geschichte ihrer Ehe an und sagte dann erstaunt: »Ja, liebe Frau Hellstern, warum kommen Sie erst jetzt und haben sich nicht schon längst scheiden lassen?« Melanie aber antwortete ihm voller Erstaunen: »'s isch ja scho reacht, wia's komma isch, i soll me scheida lasse? Wisset Se, da drfür han i no doch z'viel Moral, so ebbes han i meim Anton no doch net ado kenna.«

# Der Lastenausgleich

Wenn in einem Dorf neue Bürger zuziehen, erregt dies immer großes Aufsehen, und so war das auch, als die Familie Urban mit einem alten VW-Kombi in einem kleinen Ort im Nagoldtal vorfuhr und in einem bescheidenen Haus im Ortsinneren Quartier machte, dessen Nachbarhaus schon fest in türkischer Hand war. »Se kommet scheint's vo Köln ra, do seied se radikal abbrennt, ond jetzt wellet se do neu afanga«, hieß es abends beim Stammtisch in der »Sonne«, »arg vornehm send se aber scheint's net.«

Arg abgebrannt wirkten die Urbans in ihrer schäbigen Kleidung in der Tat, und um so interessierter verfolgte die Dorfgemeinschaft das rege Treiben vor ihrem Haus, das schon am Tag nach dem Umzug einsetzte. Da wurde ein Farbfernseher mit Videorecorder abgeladen und installiert, eine Waschmaschine wurde geliefert, eine Geschirrspülmaschine angeschlossen, eine Stereoanlage durfte nicht fehlen, und Vater Urban fuhr stolz mit einem neuen BMW vor. »Gschirr han i ja kois gsea, wo se komma send, aber a Spülmaschin hend se scho, ha 's fangt halt a jeds andersch a«, sagte die Frau vom Haus vis-à-vis und beobachtete mit Staunen, wie sich das Haus der Urbans mit Möbeln und Hausrat füllte.

Frau Urban, die den Argwohn der Nachbarn mit Ausnahme der Türken fühlte, beeilte sich, diesen zu zerstreuen und ließ geschickt die Bemerkung fallen, man habe von der Versicherung 80000 Mark bekommen und sei froh, sich jetzt wieder einrichten zu können. Insgeheim machte sie sich aber auch Sorgen, und weil sie in der Ehe mit ihrem Mann schon manches mitgemacht hatte, fragte sie ihren Egon eines Abends ganz vorsichtig, wie er das eigentlich alles bezahlen wolle. Doch Egon erklärte ihr zu ihrem Erstaunen schmunzelnd, er wolle das alles doch überhaupt nicht bezahlen und setzte zu einer großen Rede an: »Weißt du, Anna«, sagte er, »für mich ist das einfach eine Form von Lastenausgleich, mein Vater war nach dem Krieg ein kleiner Busfahrer mit einem Wochenlohn von 80 Mark, da hat man mich zwar aufgrund meiner Intelligenz aufs Gymnasium geschickt, nach vier Jahren mußte ich aber wieder herunter und Brötchen verdienen helfen. So war es damals. Wenn man bedenkt, daß heute jeder Hanswurst studiert, da hätte ich es auch leicht geschafft, wenn ich andere Eltern gehabt hätte oder wenigstens später geboren wäre. Viele in meiner Verwandtschaft sind schon mit dem Gesetz in Berührung gekommen, da hätte es doch nahegelegen, daß einer von uns auch einmal das Gesetz auf andere angewandt hätte. Bei normalem Verlauf der Dinge müßte ich jetzt eigentlich Rechtsanwalt oder höherer Beamter sein, und wenn mir das Schicksal dies verweigert hat, so möchte ich mir und euch wenigstens ab und zu den Lebensstandard eines Rechtsanwaltes gönnen. Man darf nicht passiv sein im Leben und muß das Schicksal, wenn es einem nicht hold ist, eben ein bißchen korrigieren.«

»Und wie stellst du dir das praktisch vor?« fragte ihn seine Frau noch verunsichert. »Keine Angst, liebe Anna«, beruhigte sie ihr Mann, »da passiert nicht viel, bis in ein paar Wochen merken diese geldgierigen Geschäftemacher, daß wir kein Geld haben, und dann können sie von mir aus den ganzen Krempel wieder holen, und wir fahren erst mal in Urlaub und überlegen weiter.«
»Na, wenn du meinst«, sagte Anna resigniert, »aber du solltest auch an die beiden kleinen Kinder denken.« – »Was ich tue, tue ich nicht zuletzt für euch«, fuhr ihr Mann fort. »Ihr sollt wenigstens von Zeit zu Zeit wissen, was Wohlstand ist. Als wir damals die ›Dreigroschenoper‹ im Fernsehen sahen, konntest du sogar aus dem Mund eines kommunistischen Dichters das wahre Wort hören ›nur wer im Wohlstand lebt, lebt angenehm‹. ›Wohlstand‹ heißt die Devise, und mit ehrlicher Arbeit braucht es unsereins da erst gar nicht zu versuchen. Drum sage ich mit dem Volksmund ›Ehrlich währt am längsten, und wer nicht bescheißt, der kommt zu nix‹.«
Ein Neubürger mit solchen Grundsätzen fällt in einer Großstadt vielleicht gar nicht auf, für die stille Schwarzwaldgemeinde bildete er aber gar bald eine ständige Quelle des Ärgernisses. »Der schafft scheint's überhaupt nix«, hieß es bald im ganzen Flecken, und Anna, die wie viele Frauen in solchen Ehen nicht abließ, für den Ruf der Familie zu kämpfen, streute fleißig das Gerücht aus, ihr Mann schaffe bei einer Spedition in Böblingen und habe halt unregelmäßige Dienstzeiten. So ging zunächst auch einige Wochen einigermaßen alles gut, doch den ersten begründeten Verdacht schöpfte man auf der Poststelle. Dort weiß man auf dem Land über die Dorfbewohner

noch besser Bescheid als auf dem Rathaus, wo man fast alles weiß.
Nachdem man sich schon einige Zeit über viele Schreiben von Geschäften aus der Kreisstadt gewundert hatte, in denen noch hübsch neutral die Mahnungen verpackt waren, sagte man dort nur: »So, jetzt isch's soweit«, als die ersten Schreiben mit Zustellungsurkunden ankamen.
»So, jetzt ist's soweit«, sagte auch Egon Urban und beschloß, mit seiner Familie vorerst in Urlaub zu fahren, gondelte mit seiner Familie durch den schönen Schwarzwald, mietete sich da für ein paar Tage in einer Pension ein, logierte dann wieder eine Woche in einem Hotel und wechselte mit seinem geschärften Instinkt immer rasch die Unterkunft, bevor die Wirte mißtrauisch wurden.
Doch wie die Erfahrung lehrt, gehen solche Reisen zum Nulltarif auf die Dauer eben nicht gut aus. Eines Tages wurde Urban gefaßt, vor Gericht gestellt und wegen Betrugs im Rückfalle zu sechs Monaten Freiheitsstrafe verurteilt. »Das ist eben mein Berufsrisiko«, sagte er zum Abschied zu seiner Familie. »Ich muß euch, so leid's mir tut, für eine Weile der Sozialhilfe überlassen, davon ist noch keiner reich geworden, aber zum Leben langt's. Ich gehe einstweilen nach Rottenburg, dort ist das Gefängnis immerhin in einem Schloß, was sind denn schon sechs Monate, wozu habe ich ein Gesäß, und wenn ich rauskomme, versuchen wir's im Bayerischen Wald noch mal von vorn, dann gibt es für euch alle eine Novelle zum Lastenausgleich!« Und so kam es auch, und das Amtsgericht Passau machte eine Novelle zu seinem Strafregister und verknackte ihn zu zwei Jahren, die er jetzt noch absitzt.

# Lottokönigs Glück und Elend

»Wie glücklich würde sich der Affe schätzen, könnt er nur auch ins Lotto setzen!« heißt es in Goethes Faust, dem für die Deutschen wichtigsten Buch seit der Bibel. Aber das Lotto übt nicht nur auf Affen eine große Anziehungskraft aus, sondern von altersher auch auf Menschen unterschiedlichsten Standes, und es hat kurioserweise nicht an Versuchen gefehlt, den Lotterien sogar zu einem göttlichen Ursprung zu verhelfen. So schreibt 1697 der Franzose Leti, man müsse den Ursprung der Lotterie ins Paradies verlegen. Der Unternehmer sei Gott selbst, Einsetzer seien Adam, Eva und der Teufel gewesen. Richtig dürfte dabei sicher sein, daß der Teufel bei der Lotterie immer seine Hand im Spiele hat und wohl noch mehr Gewinn aus diesem Unternehmen zieht als der Unternehmer selbst. Demgemäß stand auch die Kirche dem Spiel meist ablehnend gegenüber. Lediglich der heilige Thomas von Aquin meinte im düsteren Mittelalter, das Leben sei hart genug, da tue es gut, wenn es durch das Spiel etwas aufgeheitert werde, und man müsse sich fragen, ob nicht gerade der sündige, der nicht spiele. Ohne Thomas von Aquin zu kennen, versuchen ja heute noch viele Menschen, mit Gottes Hilfe zu einem »Sechser« im Lotto zu kommen, indem sie um einen Lottogewinn beten und Gott dabei oft zehn Prozent für »Misereor« oder »Brot für die Welt« anbieten. Sie übersehen dabei freilich, daß ein Gott, der von seinen Gläubigen fordert, daß sie im Schweiße ihres Angesichts ihr Brot essen sollen, bis sie wieder zu Erde werden, für derartige Ansinnen kaum ein offenes Ohr haben dürfte.

Ein Mensch, der, mit wessen Hilfe auch immer, einen »Sechser« im Lotto erzielte, und das auch noch Mitte der sechziger Jahre, als eine halbe Million noch zu mehr als zu einem Reihenhäusle reichte, war der Stahlarbeiter Edgar Juskowiak aus Dortmund. Er war bereits Mitte 50 und stand schon seit mehr als 20 Jahren an einem Hochofen der Hoesch AG, als ihn ein Lottogewinn vom »Malochen« erlöste. Juskowiak hatte dabei ein einfaches »System« benützt, indem er schon über zehn Jahre unbeirrt die Geburtsjahre von sich, seiner Frau Emma und seinem Sohn Herbert gesetzt hatte. Zunächst ging es ihm wie vielen Lottogewinnern, man hofft oft ein Leben lang auf den Hauptgewinn, und wenn er sich einstellt, weiß man nicht so recht, was man damit anfangen soll.

Zunächst beschlossen die Juskowiaks daher, erst einmal nach Mallorca zu fliegen, das damals noch nicht den Ruf einer »Putzfraueninsel« und noch einen recht exklusiven Charakter hatte. Dort, am sonnigen Strand des Mittelmeers, hatte dann Emma die zündende Idee: »Weißt du was, Edgar, wir bauen uns im Schwarzwald eine Pension und leben, bis die Rente kommt, davon, und dann machen wir dicht und gehen nur noch in der schönen Landschaft spazieren.« Wer weiß, welche Zauberkraft vom »Schwarzwald« auf die Bewohner des Kohlenpotts

ausgeht, kann sich vorstellen, wie diese Vision vom Leben in der Natur auf Edgar wirkte. Nach Rückkehr aus dem Urlaub kündigte er bei seiner Firma und fing an, im Schwarzwald einen schönen Bauplatz zu suchen. Wie es der Zufall will, wurde er rasch in einem reizvollen Dorf fündig. Nun gab es schon damals in dieser schönen Ecke des Landes recht attraktive Pensionen, und die Juskowiaks machten sich Gedanken, wie sie ihrem Vorhaben einen gewissen Reiz verleihen konnten.

Die Kubakrise war längst vorbei, von der »SS 20« und der »Pershing II« träumten selbst sensible Bundesbürger noch nicht, und man fühlte sich kurioserweise noch recht wohl im sogenannten »Gleichgewicht des Schreckens«. Aber der kluge Mann baut vor und, angeregt durch die »Aktion Eichhörnchen« und die steuerlichen Vergünstigungen beim Schutzraumbau, beschlossen die Juskowiaks, ihre Pension als einzige im ganzen Land mit einem Atombunker zu versehen. Das Landratsamt war beeindruckt, und ihr Architekt fühlte sich durch den atypischen Auftrag auch sehr gefordert. Geradezu begeistert aber war der Bauunternehmer, der hier eine Chance sah, die erste Konjunkturkrise der Bundesrepublik im Jahre 1966/67 einigermaßen zu überbrücken. Sein Vater hatte am Westwall mitgebaut, und von dessen Erfahrungen sollte sein Bauherr nun profitieren.

»Drei Meter Beto als Wand braucht mer heit mindeschtens«, sagte er zu seiner Bauherrschaft, »am Weschtwall hot mer bloß zwoi Meter g'het, aber des hot jo au net ghoba, wie mer woiß.« Kurzum, hinter der Pension von Juskowiaks entstand ein Bunkerprojekt von erstaunlichem Ausmaß, das manchem Handwerker über die Krise half. Der Beton floß in den Bunker hinein und das Geld von dem Konto des Bauherrn noch schneller hinterher, und der ganze Bau entwickelte sich zur Katastrophe für die Juskowiaks. Schließlich kam, was kommen mußte, der Lottokönig wurde zahlungsunfähig. Das ganze Anwesen wurde verkauft, und die Juskowiaks waren froh, daß ihnen ein Wohnrecht in der Einliegerwohnung der Pension blieb.

»Wie gewonnen, so zerronnen«, seufzte Emma danach traurig, »und was machen wir jetzt?« – »Jetzt gehe ich eben wieder schuften, bis die Rente kommt«, meinte Edgar ungebrochen. Aber Stahlwerke gibt es im Schwarzwald weit und breit nicht, und so war er froh, als er bei der Müllabfuhr noch ein Unterkommen fand und wieder die Kohlen verdienen konnte.

Sein Bunker aber blieb lange ohne Verwendung, bis er eines Tages die Idee hatte, seine Hasen dort sicher unterzubringen. Und so kommt es, daß in dieser Gegend die Hasen von Juskowiaks optimistischer in die Zukunft schauen als manche Menschen.

# Die sündigen Ministranten

Zwischen Herrenberg, Nagold, Horb und Rottenburg liegt eine fruchtbare Ackerlandschaft, die den Süden des sogenannten »Gäus« bildet und noch heute stattliche Bauerndörfer aufweist. In früherer Zeit war der Einfluß des Pietismus von Norden her in manchen Orten so stark, daß zeitweise die Katholiken zur »Stund« gingen und gelegentlich sogar ein regelrechter Abfall von der römischen Kirche zu beobachten war. Inzwischen ist der Katholizismus dort wieder so gefestigt, wie er in einer gottlosen Welt es eben noch sein kann.
Es war in der Zeit vor dem Zweiten Vatikanischen Konzil, als die Neuerer sich noch nicht durchgesetzt hatten und der katholische Gottesdienst selbst in der kleinsten Landgemeinde noch seinen altehrwürdigen feierlichen Glanz ausstrahlte. So gab es auch noch eine verhältnismäßig heile Welt in der kleinen Gemeinde H., die inzwischen längst ihre Selbständigkeit aufgeben mußte. Der Besuch des Gottesdienstes am Sonntag war dort für alt, aber auch für jung damals noch die Regel. Brav saßen die Männer rechts und die Frauen links, und die modernen Vermischungen fanden noch nicht statt. Man ging hier auch noch regelmäßig zur Beichte, wo der Pfarrer immer wie-

der einmal eine Ehe retten mußte, aber alles in allem war der Geistliche mit seiner Gemeinde doch sehr zufrieden, da sie noch weitgehend bäuerlich und dementsprechend konservativ war.

Eine Sorge allerdings hatte er mit seinen Amtsbrüdern in städtischen Regionen gemein, nämlich den geringen Ertrag der Kollekte. Zwar hatte die Umstellung von dem an der Stange herumgereichten Klingelbeutel auf das »Körble« praktisch den Wegfall der Hosenknöpfe gebracht, da die Diskretion, mit der man den Hosenknopf in den Klingelbeutel rutschen lassen konnte, beim »Körble« nicht mehr bestand. Die Hoffnung aber, das Offenlegen des »Opfers« im »Körble« würde zu besseren Ergebnissen führen, hatte sich nicht erfüllt, da die Schäfchen in H. – wie auch anderswo – es bald gelernt hatten, ihre Spende so hineinrutschen zu lassen, daß man sie nicht sah, es sei denn, man spendete aus besonderem Anlaß einmal einen Zehn-Mark-Schein, den man dann schon ruhig deutlich sichtbar einlegte. Der »silberne Sonntag« aus besonderem Anlaß brachte zwar bessere Ergebnisse, aber die »lautlose Kollekte« aus Papiergeld, von der manche Pfarrer in reichen Gemeinden schon träumten, war in H. reine Utopie.

»Mit osrer Kollekte ka ebbes net ganz richtig sei«, sagte der erfahrene Heiligenpfleger eines Tages, als er mit dem Pfarrer in der Sakristei die Kollekte auszählte. »Älles geht nauf, bloß bei ons wird's en letschter Zeit emmer eher weniger als meh.« – »Jetzt wartet mir amol no a Weile, vielleicht wird's von alloi wieder besser«, meinte der Pfarrer hoffnungsvoll. Aber das Ergebnis blieb schlecht und der Heiligenpfleger mißtrauisch. »'s kann doch net sei, daß mir so em Schnitt a jeda Sonndig zea Mark weniger hend als letschtes Johr«, meinte er wiederholt zum Pfarrer. Aber der blieb gelassen und erwiderte nur, man könne doch niemand verdächtigen. Der im Dienst der Kirche ergraute Heiligenpfleger hatte aber seinen Verdacht, und er fand ihn bestätigt, als sich eines Sonntags nach dem Gottesdienst ein Mitglied des Kirchenchors in der Sakristei meldete und berichtete, er habe gesehen, wie ein Ministrant, der mit dem »Körble« auf die Empore gegangen sei, hehlingen eine Silbermünze herausgefischt habe.

Nun war man dem Rätsel auf der Spur. Die Ministranten wurden der Reihe nach vor den Pfarrer und den Heiligenpfleger geladen und waren nach kurzem Zögern voll geständig. Sie hatten damals ja noch ein schweres Amt, mußten die Bauernburschen doch schwierige Gebete wie das »Confiteor« noch auf lateinisch lernen und bekamen für ihre häufigen Dienste, von Taufen, Hochzeiten und Beerdigungen abgesehen, nicht einmal ein Trinkgeld. So hatten die Ministranten geglaubt, sie müßten sich selbst ein bißchen belohnen und hatten sich von ihren »Nebeneinnahmen« aus der Kollekte nach der Kirche im »Ochsen« Eis und Erdnüsse gekauft, und der Oberministrant, der immerhin schon 13½ Jahre war, gab zu, er habe einmal nach dem Gottesdienst nach alter Väter Sitte sogar ein Bier getrunken.

Nun, im kirchlichen Bereich war der Fall rasch erledigt, steht doch die katholische Kirche seit jeher Vermögensdelikten aufgeschlossener gegenüber als Sünden wider den Heiligen Geist. Am nächsten Samstag fanden sich die Ministranten im Beichtstuhl ein und bekannten »in De-

mut und Reue« ihre Sünden. Die vornehmste Aufgabe der Kirche ist es seit jeher zu verzeihen, und so kamen die »Lausbuben Gottes« auch recht glimpflich davon. Jeder bekam als Buße fünf »Vaterunser« und drei »Gegrüßet seist du Maria« für die armen Seelen sowie ein Glaubensbekenntnis aufgebrummt, und so war für die Ministranten und den Pfarrer der Kittel wieder geflickt.
Aber päpstlicher als der Papst sind in den Kirchengemeinden oft die Gemeindemitglieder, die der Kirche sonst nicht so nahestehen, und so kam es auch hier, daß einer dieser Nörgler den Vorgang bei der Polizei anzeigte. Von Rottenburg reiste ein Polizist an, nachdem gerade das erste Gras über die Angelegenheit gewachsen war. Er ermittelte ausführlich und umständlich, und die Seelenqualen für die Ministranten und ihre Eltern begannen von neuem. Schließlich wurde ein Bericht an die Staatsanwaltschaft in Tübingen gesandt. Der Jugendstaatsanwalt dort las die Akte schmunzelnd, erinnerte sich an seine eigene Ministrantenzeit und stellte fest, daß alle »Täter« unter 14 und damit nicht strafmündig waren.
Dadurch blieben die Ministranten von H. der weltlichen Justiz entzogen. Und so zeigt sich, daß man gut fährt, wenn man seine Sünden unter 14 begeht, was freilich bei den größeren Sünden noch nicht möglich ist. Aber ob weltliche oder kirchliche Rechtsprechung, über alle Verfehlungen des Menschen wird endgültig erst am Jüngsten Tag entschieden. Aber auch dann dürften die Ministranten von H. glimpflich davonkommen, wenn nicht im Zuge der Reformen Überlegungen der modernen Theologen obsiegen, den Jüngsten Tag überhaupt abzuschaffen, weil er nicht mehr in die Zeit paßt. Man wird sehen.

# Der Alte und sein Enkel

Um den 30. Januar 1983 herum, als sich alle Welt an den 50. Jahrestag der Machtergreifung Adolf Hitlers erinnerte, feierte der Altbauer Albert Börstinger auf seinem Hof am Rande des Gäus seinen 70. Geburtstag. Die Verwandtschaft war vollständig erschienen, und auf dem Hof, der längst verpachtet war, standen mehr Autos als 1933 im ganzen Bezirk private Pkw zugelassen gewesen waren. Börstingers Brüder und Schwestern mit ihren Ehepartnern und Kindern und Eugen, sein einziger Sohn, mit seiner Frau und dem 18jährigen Enkel Bernd waren erschienen, und man sprach viel von alten Zeiten, wie es an solchen Anlässen eben üblich ist.

Das friedliche Geplauder bei Kaffee und Kuchen nahm aber einen überraschenden Verlauf. Der Opa erzählte gerade von seinem 30. Geburtstag, den er als Unteroffizier in einem Kampfstand vor Leningrad bei 34 Grad Kälte verbracht hatte, als sich der Enkel einschaltete: »Bei so ma Bledsenn dät i net mitmache«, erklärte Bernd, »des woiß i gnau, daß i der Wehrdienst verweiger!« Alles war entsetzt, aber der Opa faßte sich rasch und antwortete: »Wenn du glaubsch, daß mir aus lauter Spaß an dr Freud nach Rußland marschiert send, no bisch falsch gwickelt.

Mit dem, wo selligsmal net marschiert isch, hot mer kurza Prozeß gmacht, sell sag i dir, so sche wie ihr's heit hend, war's selligsmol net.«

Bernds Vater, der den Plan seines Sohnes zum erstenmal hörte, versuchte zu vermitteln und beteuerte, daß, als er Abitur gemacht habe, über die halbe Klasse sich freiwillig zum Bund gemeldet habe, und die meisten hätten zwei Jahre gemacht und viel Geld zurücklegen können. »Für mei Schtudiom han i kaum Geld von dr'hoim braucht«, erinnerte er sich stolz, »ond 's wär au gar kois dogwese«, vergaß er nicht hinzuzufügen. Aber da kam er bei seinem Sohn schlecht an: »Der Kommiß«, sagte dieser, »isch für mi kei finanzielle Frog, sondern a moralische, ond wenn i no so viel Geld kriag, no laß i mi no lang net zom Killer ausbilda.« Der Familienfriede schien jetzt ernsthaft gestört, und alles war froh, als die Oma eingriff und meinte: »Heit isch's halt eifach a ganz andere Zeit als selligsmol, ond 's muaß a jeds do, was er für richtig hält, wer des no net selber verlebt hot, woiß ja gar nemme, wie des war.« Albert pflichtete ihr bei und ergänzte mit den Worten: »Wo dr Adolf komma isch, isch älles en Bewegung komma, ond do han i halt au dabei sei wella, z'Rußland dren isch's mer no scho verganga, ond was noch'm Kriag no älles rauskomma isch, o jemine, ha, wenn mer des vorher gewißt hätt, hätt mer's gwiß bleibe lo, aber henterdrei woiß mer's emmer besser.« – »Des war no halt doch a arg teurer Preis für euer Erkenntnis«, trotzte Bernd unnachgiebig.

Bevor sein Vater sich einschalten konnte, lenkte die Oma noch einmal ein und gab zu bedenken: »'s wird halt älles andersch. Bernd, du willsch nemme zu de Soldate ond

wondersch di vielleicht amol, wenn deine Kender no nemme en d' Schul wellet. 's hot halt a jede Zeit ihre eigene Vorschtellonga. Wenn i no dradenk, was sich nach'm Kriag bei de Baura älles do hot, worom sollet sich no d' Leit net au verändera. 's isch doch älles älleweil andersch, no muaß mer des doch au reschpektiera ond derf net a jede Zeit über die gleich Schnur ziah.«
Noch einmal fing der Altbauer von »früher« an, und sein Enkel wollte schon die Ohren zumachen, als er den Opa so reden hörte: »Früher hot's halt doch no me Zack g'het, des war halt no a Sach. Deim Urgroßvater, wo bis zum Schluß beim Zentrom war, isch selligsmol bei onsre Lieder freilich 's Zäpfle naganga, aber grad so isch mir's au naganga, wo dei Vater als Student z'Hohenheim war ond mir verzählt hot, was se do ällemol senget, die Herre Schtudente, ›Ich war einst in der Partei, ich war bei SA und SS, heut bin ich bei beiden Kirchen, meine Mittel erlauben mir des‹, jo, jo, so hot mer nach'm Kriag leicht senge g'het, aber stand du amol mittadren, no kannsch dir nix meh überlega.«
»Jo, des isch gwiß wahr«, seufzte die Oma, »mei Schwiegervater hot sich älleweil über die Lieder aufgregt ond hot oft gsagt, daß des 's End von dr deitscha Kultur isch, weiter na kennt's nemme geh. Ond älleweil isch's no weiter naganga, ond dr Opa hot sich no emmer aufgregt, wenn dei Vater selligsmol en de fuffzger Johr seine Rock-'n'-Roll-Platta mit am Elvis, oder wia dr'sell ghoißa hot, aufglegt hot und älleweil gsagt, des isch der Tiefstand vo dr Kultur, tiafer na kann's eigentlich nemme geh, ond älleweil isch's no weiter naganga.« Da sagte Bernd: »Des han i doch scho amol g'hert. Wo mei Vater daletscht em

Fernseha die ›Neue Deutsche Welle‹ g'hert hot, hot er gsagt, des isch jo der Tiefstand vo dr deitscha Kultur, so kann's nemme weitergeh, des sieht ja so aus, als ob's bei ons scho Familietraditio isch.«
Die Familienrunde entspannte sich allmählich wieder, und die Oma war sicher, daß es mit dem Teufel zugehen müsse, wenn es nicht doch immer wieder weitergehe. Bernds Vater, der etwas nachdenklich geworden war, setzte dann den Schluß zu dieser Betrachtung und prophezeite seinem Sohn: »I will dir scho sage wia's weitergoht. En 20 Johr hockt dei Jonger vor'm Computer, wo so ganz leise vor sich nazirpt ond helt's für da Gipfel von dr Kunscht, ond nach alter Väter Sitte wirsch du vor an naschteh ond sage: des isch dr Tiefstand vo dr deitscha Kultur, tiafer na kann's nemme go, ond wirsch sea, 's goht älleweil no weiter na.«
Alles lachte auf, und der Opa sagte: »Uff den Schrecka na braucha mer a Kirschwässerle«, und stellte zum Abschluß fest: »Wia mer sieht 's goht älles weiter, bloß Kaffee hend mer koin meh«, und die Oma meinte nachdenklich: »Ond wenn mer da Kriag net verlora hättet, no gäb's heit ganz gwiß kein Kaffee ond mir dätet womöglich auf'ma Baurahof hinterm Ural hocka, so isch's no au wieder, gell.«

# Der betrogene Betrüger

Längst vergessen, wenn auch noch nicht lange her, sind die Jahre nach dem Krieg, als die Stadtbewohner mit der Bahn, mit dem Fahrrad und nicht selten zu Fuß und einem Leiterwägelchen auf die Dörfer zogen, um zu »hamstern«. Aus heutiger Sicht recht seltsame Geschäfte wurden da getätigt, wechselten doch gelegentlich zum Beispiel eine Glühbirne gegen ein Stück Schinken oder 20 Eier gegen ein Herrenhemd den Besitzer. Waren es damals insbesondere die Heimatvertriebenen und Flüchtlinge, aber auch manche durch den Krieg verarmte Bürgersfrau, die auf diese Weise mühselig genug die Existenz ihrer Familien zu sichern suchten, so zieht es heute aus den Städten eine zum Glück nicht allzu zahlreiche Sorte Mensch zu den Bauern aufs Land und insbesondere auch in den Schwarzwald, um auf ihre Art zu »hamstern«. Es sind dies Antiquitätenhändler, oft auch nur gehobene Trödler, die versuchen, dem Landvolk wertvolle Einrichtungsgegenstände abzuschwatzen und zum zehn- oder zwanzigfachen Preis an die Städter weiterzuverkaufen, um deren unstillbaren Bedarf an »Rustikalem« zu befriedigen. Je unnatürlicher das Leben in der Stadt nämlich wird, desto größer wird das Verlangen ihrer Einwohner, wenigstens durch ein Butterfaß, ein Pferdekummet oder ein Wagenrad an die bäuerliche Herkunft aus dem Schwarzwald oder »von der Alb ra« erinnert zu werden. Zu den modernen Bauernfängern, die den Landwirten ihre besten Sachen abzuluchsen versuchen, gehörte auch Elmar Wagner, der an einem trüben Novembertag auf dem Hof des Bauern Armbruster im oberen Enztal erschien. Armbrusters Hof war keiner der schönen großen Schwarzwaldhöfe, wie sie allmählich nur noch im Freilichtmuseum »Vogtsbauernhof« zu sehen sind, sondern war anstelle des alten durch Brand abgegangenen Hofes erst 1920 in recht bescheidener Art aufgebaut worden. Armbruster hatte seine Winterbeschäftigung in einem Textilbetrieb im Dorf verloren, weil dieser bankrott gegangen war und hatte nun, wie alle Bauern im Winter, Zeit, in Haus und Hof herumzuwerkeln.

So war er auch durchaus gesprächsbereit, als Wagner aus seinem Landrover ausstieg und ihm mit einem frischen »Grüß Gott« entgegenschritt. »Wagner isch mein Name, i komm vom Museom für bäuerliche Kunscht ond han amol bei Ihne neigucka wella, ob Se vielleicht ebbes für ons übrig hättet«, sagte er gewandt und überreichte Armbruster ein Kärtchen. »Elmar Wagner, Konservator, Museum für bäuerliche Kunst, Filderstadt 2, Postfach 146«, las dieser staunend und wußte nicht, wie er zu der Ehre des Besuches kam. Nun gibt es im Lande Baden-Württemberg nicht weniger als 782 Museen, und manche armselige Heimatstube darf sich schon Museum nennen, aber Wagners »Museum für bäuerliche Kunst« gehört freilich nicht zu diesen 782 staatlich anerkannten Museen, handelt es sich dabei doch nur um seinen Lagerschuppen, in dem er die Beute seiner ländlichen Fischzüge aufbewahrt, bevor er sie für teures Geld an seine vorwiegend Stuttgarter Kunden verhökert.

»Wisset Se«, sagte Wagner, »a jeder muaß jo amol ausmischta, ond so an alta Lompagruscht sammel i halt für mei Museom ond drzua zahl i Ihne no a guats Geld. Gucket Se, die Stadtleit hend halt a arge Freid an dene alte Sacha, wenn Se en mei Museom kommet, drom sott i dene scho wieder amol ebbes Neus zeiga.«

»Ja, no kommet Se erscht amol rei, i glaub aber net, daß Se bei mir so ebbes findet«, antwortete der Bauer, der wie alle Landwirte Fremden gegenüber mißtrauisch war.

»'s beschte ischt, mir gucket grad amol rom«, meinte Wagner, und Armbruster führte ihn nicht ohne Skepsis durch Stall und Scheuer, wo es, wie auf den Höfen heute eben üblich, viel Technik, aber gar nichts Anheimelndes mehr gab. Auch in der Küche zeigte sich der Fortschritt des 20. Jahrhunderts, und bis auf einen Zinnteller über der Tür enthielt sie nichts, was für Wagner von Interesse war, der sich im Vorbeigehen den Teller zum Erwerb vormerkte. Auch bei Armbruster hoffte er, sein hundertfach erprobtes Spielchen zu machen, indem er, um Vertrauen zu gewinnen, für einen verhältnismäßig wertlosen Gegenstand einen guten Preis zahlte und dafür für ein wertvolles Stück vergleichsweise nur ein Nasenwasser. In der Wohnstube, die ebenfalls recht schmucklos war, angelangt, betrachtete er interessiert das Bild über dem Sofa, und er hatte sofort das Gefühl, vor einem ganz großen Geschäft zu stehen. Das Gemälde zeigte einen von Bäumen gesäumten Bach im Frühjahr und in der Ecke deutlich sichtbar die Initialen »OR«. Nun war es so, daß

Wagner zwar bei bäuerlichen Möbeln, Steingut und Zinn recht gute Kenntnisse hatte, von Gemälden aber gar nichts verstand. Sein Vetter aber, der eine kleine, etwas dubiose Kunsthandlung in der Stuttgarter Innenstadt betrieb, hatte ihm erst vor 14 Tagen ein ganz ähnliches Bild von Otto Reiniger gezeigt, das er aus einem Nachlaß für 400 Mark erworben und für 15 000 Mark wieder an den Mann gebracht hatte. Und so wie einer, der von der klassischen Kunst nur »Die kleine Nachtmusik« kennt, bei jedem klassischen Stück zunächst an diese denkt, so stand für Wagner fest, daß er hier einen echten Reiniger vor sich hatte. »A netts Bildle hend Se do«, sagte er zu Armbruster, »wo hend Se des denn her?«

»Des do hot ons onser Schwoger zor Hochzich gschenkt«, antwortete Armbruster, »mir hot's jo eigentlich nia gfalla, aber wega meinra Frau han i halt mei Gosch g'halta. Aber jetzt isch mei Schwoger tot, ond mei Frau lebt au nemme, no dät i's für en guata Preis am End scho hergeba.«

»Do kenntet mir drüber schwätza«, meinte Wagner. »Für den Zinnteller en dr Küche zahl i Ihne 200 Mark. Se sehet, i will Se net bscheißa, aber für des Bild da kann i Ihne halt auch net viel meh zahla. 's macht sich zwar guat, aber vom Künschtlerischa isch's arg flach.«

»Ja no, herschenka tu i's net, so ischt no au wieder net, 's hat ja au en schöne Rahme«, bruddelte der Bauer.

»I will's jo au net gschenkt«, erklärte ihm Wagner, »mir gfällt halt eifach des Motiv, ond drom zahl i Ihne an Liabhaberpreis, aber meh als 300 Mark kann i Ihne no au wieder net geba.« – »Ja«, überlegte Armbruster, »300 Mark send scho fascht wieder drei Ferkel, so a Sau wächst,

a Bild wächst net, was soll der Bledsenn überhaupt«, und er erwiderte dem innerlich frohlockenden Wagner: »En Gotts Nama, für 300 Mark kennet Se's mitnehma.«
Wagner hing das Bild und den Teller ab, blätterte Armbruster fünf Blaue auf den Küchentisch und zog zufrieden von dannen. Armbruster aber sah ihm nachdenklich nach und dachte: »Hoffentlich dreht sich mei Schwager jetzt net en seim Grab rom, wenn i mir für en echta Oskar Raible drei Ferkel kauf.«

# Die Seele der Pakistani

Württemberg ist von alters her ein Land mit einer guten Wirtshaustradition, und es soll im 19. Jahrhundert sogar das wirtshausreichste Land Europas gewesen sein. Auch im lieben Horb und seinen Teilorten gibt es heute noch gar viele Wirtschaften und Wirtschäftle, und wie es sich gehört, hat jedes dieser »Kommunikationszentren« einen mehr oder weniger berühmten Stammtisch aufzuweisen. Eines der bekanntesten dieser »Meinungsforen« weit und breit ist jenes in einem sehr soliden und gut geführten Gasthaus nahe der Kernstadt, das wir »Zum Bottich« nennen wollen.

Fast wie im alten Griechenland, wo es einen allseits geachteten »Rat der Ältesten« gab, treffen sich dort jeden Abend betagte Männer des Dorfes, um den Lauf der Welt zu beklagen, drei bis acht Viertele oder ihr Bier zu trinken und ihrem Herzen Luft zu machen. So ist der Stammtisch im »Bottich« schon eine Hochburg der Meinungsfreiheit gewesen, lange bevor die Politiker daran dachten, diese zu einem Grundrecht zu erheben.

»Mit selle Asylante hend mir os jo ebbes reachts eighandelt«, fing der Max eines Abends das Gespräch an. »Geschtert war i z'Schtuagart, ond was sieh i uff'm Bahof romschto, Pakischtani, lauter braune Pakischtani schtandet do rom ond gaffet oin a.«

»Aysl isch Asyl«, meinte darauf der Tone, der einen menschenfreundlichen Tag hatte. »Sei du no froh, daß du net z'Karatschi uff'm Bahof romschto muasch, du dätsch jo dort au saudomm aus dr Wäsch gucka.« – »Ja«, erwiderte Max, »wenn die Pakischtani scho hier send, no könnet se doch wenigschtens ebbes schaffe ond net bloß uff'm Bahof romschto.«

»Ha, der Bschiß bei dem Asyl isch jo, daß die gar nix schaffe dürfet, mir zwengat die jo sogar zom Faulenza«, schaltete sich Eugen ein. »Was hend au mir für Gsetz«, bruddelte Max resigniert. »Wenn se au nix schaffet, send's doch arme Deifel ond frieret an dr Seel«, brummte Tone in einem Anflug von Mitgefühl. »Sell isch scho wohr«, seufzte Max, »a jede arme Seel holt dr Deifel, aber selle Pakischtani, die loßt er am Bahof steh.«

»Ja, was moisch, die hend am End net amol a Seel«, mischte sich darauf die Bedienung Melanie ein, die interessiert am Nebentisch der Unterhaltung gefolgt war und dazu noch fleißig gestrickt hatte. »Was isch denn scho a Seel«, sinnierte Tone, »i han no koine gsea, so alt i ben.«

»I glaub halt, daß net amol bei ons em Flecka a jeder a reachte Seel hot, des kann'sch dir jo bei de heitige Zeita gar nemme leischta. Jetzt schtell dir doch amol vor, 's goht einer nach Schtuagart ge schaffa, ha dem sei Seel hot doch bei dem Betrieb glei a Dall, bis er wieder hoimkommt. A Seel isch heit für d' Mensche doch bloß no hinderlich«, räsonierte Max.

»Ha, du bisch mer jo a an reachter Katholik«, erwiderte

Eugen, »sonsch dätsch du nämlich wissa, daß a jeder, wenn er uff d' Welt kommt, a oigne Seel hot ond se erscht wenn er schtirbt wieder aus am nausfliagt.«

»Also do dra zweifel i jo no arg«, unterbrach ihn Tone, »i han no bei koiner Beerdigung a Seel davofliaga sea, ieberhaupt, wie sollsch dir so a Seel eigentlich vorschtella?« – »Ha, des dät mi jetzt grad au interessiere«, sagte Melanie, die gerade Max das vierte Bier brachte, »so a Seel müßt doch eigentlich, wenn se en deim Leib hockt, scho a Gschtalt han, bevor se abschwirrt.« – »Ja«, antwortete Eugen, »i han mer a Seel eigentlich emmer vorgschtellt wie so a Art Longafliegel.«

»Also vorgschtellt han i mir a Seel no gar nie, wenn i ehrlich sei soll«, warf Max ein, »aber wenn du a Seel hosch, Eugen, was i bezweifel, wird des me a Saublos als an Art Longafliegel sei.«

Alles lachte laut auf, bis Tone fortfuhr und erklärte: »O jemine, o jemine, was ihr au wieder daherschwätzet. Jetzt muasch dir amol vorschtella, daß d' Seel oschterblich isch, so hemmers doch glernt, no hätt jo dr Eugen a oschterbliche Saublos em Ranza ond an anderer an oschterblicha Longafliegel. Do fehlt jo no gar nemme viel, no fanget selle Nichtraucher gar vollends 's schpenna a ond behauptet, daß 's Raucha da Seel schadet, ha so weit käm's no au no.«

Wieder lachte die Runde und wollte schon zu einem anderen Thema übergehen, als Melanie, die bei allem gehörigen Respekt vor ihren Stammgästen ihre Stammtischbrüder gern ein bißchen auf den Hebel nahm, noch einmal nachhakte. »Ja, wie isch's no jetzt, was für a Seel hend d' Pakischtani, oder hend se überhaupt koine?«

»I glaub, daß mer scho annehme muaß, daß se oine hend«, erwiderte Tone, den seine fünf Viertele noch milder gestimmt hatten. »Do muaß mer sich halt vorschtella, daß der Herrgott en groẞa Tiergarte hot, ond do g'heret d'Pakischtani halt genauso dr'zua wie mir au. Aber i moin halt, so wia's zugoht wär's besser gwä, se hättet ihr Seel beim Zoll abgeba.«
»Ja«, bohrte die Bedienung noch einmal weiter, »no moinet ihr, die hättet grad so a Seel wie mir au?« – »Ha«, lenkte Eugen ein, »i glaub, so isch des no au wieder net, wenn se scho au an Longefliegel als Seel hend, no wird dene ihrer a bißle brauner sei als onser käsiger.« – »Hosch's jetzt endlich gfressa, Melanie, oder brauchsch's no gnauer«, fragte Max ärgerlich, »jetzt schwätze mer grad scho a gschlagene Schtond drüber, wia d'Seel aussieht ond wisset älleweil no net meh als vorher, aber des woiß i gwiß, was Leib ond Seel z'sammehält bei ons ond bei de Pakischtani, nämlich guat essa ond trenka, ond drom, Melanie, bevor de jetzt voll ganz schpinnsch, brengsch mer liaber no an Leberkäs ond a Halbe!«
»Des kannsch du gern han«, antwortete Melanie, »aber des oine han i no saga wella, nächscht Woch isch Allerseela, no kenntet ihr's euch vielleicht en dr Kirch no amol überlega, s'kennt jo sei, daß zom Seelefrieda no a bißle meh g'hert als guat essa ond trenka, sonscht fliagt euch euer Seel no amol en die falsch Richtong davo, ond no wär's doch schad drom, gell?«

# Charly und sein Fan

Wenn sich ein bekannter Künstler in einem Dorf niederläßt, ist dies immer ein großes Ereignis. Dies gilt um so mehr, wenn sich eine Größe aus dem Showbusiness, die jeder kennt, in einem Schwarzwalddorf niederläßt, wo sich sonst nur Fuchs und Hase gute Nacht sagen. In unserer Geschichte war es ein recht sympathischer, gutaussehender Schlagersänger, den wir Charly Charles nennen wollen, der sich etwa auf halbem Wege zwischen Südwestfunk und Süddeutschem Rundfunk im Nordschwarzwald ein schönes Heim errichtete. Freundlich wie er war, sang er sogar bei örtlichen Vereinsfesten seine Hits, wenn es ihm sein übervoller Terminkalender einmal ermöglichte, und so wurde er in der Gemeinde rasch beliebt.

Mit Gelassenheit ertrug er die Geringschätzigkeit von Akademikern, die dort gelegentlich Urlaub machten und sich über sein Haus mokierten. Er wußte, daß der Gefühlsbereich, der dieser Sorte Mensch schon abhanden gekommen ist, von ihm, wie seine Plattenerfolge bewiesen, aufs Beste angesprochen wurde. Diese Wirkung wird ja von den intellektuellen Kritikern der »Schnulzensänger« allgemein viel zu sehr unterschätzt, sofern sie sich nicht wissenschaftlich mit unserer Schlagerkultur befassen.

So ist es interessant, daß ernst zu nehmende Soziologen heute behaupten, Sänger wie Peter Alexander hätten sich um das »Gemeinwohl« und das »soziale Wohlbefinden« und damit um die »innere Sicherheit« mehr verdient gemacht als Friedrich Zimmermann und Erhard Eppler zusammen. Es wird festgestellt, viele Deutsche könnten ihren Anblick morgens im Spiegel nur ertragen, wenn dazu ein flotter Schlager aus dem Radio kommt, und nehme man dem deutschen Volk seine Schlagersänger aus Funk und Fernsehen, so würde es in kürzester Frist depressiv und reif für die Revolution. Die wirksamste systemerhaltende Kraft sei daher keineswegs die Regierung und ihr Apparat oder gar die Parteien, sondern das Showbusiness. Freilich hätten auch hier findige Sänger wie Udo Lindenberg und Udo Jürgens gemerkt, daß auch progressive Liedchen einen Markt haben, und »Geier Sturzflug« setze sogar kaum verhüllt zur Subversion an, aber dies seien noch immer Ausnahmeerscheinungen, und insgesamt sei der deutsche Schlager von staatstragender Bedeutung.

Solch theoretische Soziologenweisheit interessierte Charly nicht. Er wußte, wie man es macht und was seine nahezu ausschließlich weiblichen Fans hören wollten, vor deren Zuschriften und Aufmerksamkeiten er sich kaum retten konnte. Zwar wurde die meiste Post über die Autogrammadresse abgefangen, aber ein liebendes Herz findet immer einen Weg, seine Botschaft direkt zu übermitteln, und so hatten seine treuesten Fans ihn bald im Schwarzwald aufgespürt.

Eine seiner ältesten und glühendsten Verehrerinnen war die 49jährige ledige Kassiererin Hannelore Kollmer aus Stuttgart-Zuffenhausen, die ihn seit Jahren mit selbstgestrickten Pullovern verwöhnte und ihm stets zu Weihnachten einen Christstollen schickte, von vielen, vielen Briefen ganz abgesehen, die alle etwa so lauteten: »Lieber Charles, durch Dich hatte ich wieder eine wunderschöne Woche. Gleich am Montag warst Du in der ZDF-Hitparade unheimlich stark, als Du sangst ›Ich hol Dich raus‹. Wenn Du nur einmal wirklich kämst und mich hier rausholen würdest, ich würde mit Dir zu Fuß durch den ganzen Schwarzwald laufen. Am Dienstag ist mir dann etwas Lustiges passiert. Ich putzte gerade meine Zähne, als Du im Radio anfingst ›I love, I love, I love you‹, natürlich habe ich mitgesungen und mich prompt verschluckt, aber für Dich verschlucke ich mich ja gern. Als Du aber dann weitermachtest, ›nimm das nächste Schiff nach Rhodos‹, wurde ich ganz nachdenklich, denn von Stuttgart kommt man zu Schiff zwar gut bis Besigheim, aber nach Rhodos ist es schon schwierig, aber was soll's? Der Höhepunkt der Woche war am Mittwochabend die Sendung ›Vom Mikrofon zum Telefon‹, in der Du mein Lieblingslied ›Ich mag Dich‹ gesungen hast. Es war unheimlich stark, wie Du das gebracht hast.
Dann mußte ich volle zwei Tage ohne Dich auskommen, aber am Samstag warst Du in der SWF-Hitparade wieder voll dabei. Ich finde Dein neues Lied ›Dich berühren‹ einfach Spitze, und ich hoffe, daß es in der Hitparade lange dabeibleibt. Ich lege Dir heute ein neues Foto von mir bei mit der Bitte, es zu signieren und verbleibe in Liebe Deine Hannelore Kollmer.«

Aber wie es so geht, der Brief mit dem schönen Brustbild Hannelores wurde nicht beantwortet, weil Charly ihn schlichtweg verschlamperte, und die Entfremdung begann. Mehrfach mahnte sie noch das Bild an, aber Charly antwortete nicht mehr. Hinzu kam, daß ein anderer Sänger, der jüngere und gleichfalls sehr attraktive Roland Kaiser mit seinem Super-Hit »Manchmal möchte ich schon mit Dir« sich Zugang zu ihrem einsamen Herzen verschafft hatte.

Aus der Enttäuschung durch Charly wurde geradezu lehrbuchmäßig eine Aggression, und von ihrer Freundin Silke angestachelt, beschloß sie, sich an Charly zu rächen. Acht Pullover hatte sie ihm im Verlauf der Jahre gestrickt, und die wollte sie jetzt wieder zurückhaben, zumal sie vielleicht auch dem Roland Kaiser passen könnten. Sie ließ sich von einem jungen Rechtsanwalt beraten, der froh an jedem Fall war und ihr riet, die Schenkung wegen einer »schweren Verfehlung« zu widerrufen und eilfertig eine Klageschrift aufsetzte. So kam es denn zum Prozeß vor dem Amtsgericht Freudenstadt, wo Hannelores Klage, wie man so schön sagte, »nuntergepatscht« wurde, weil eine »schwere Verfehlung« im Sinne des Gesetzes nicht vorgelegen habe. So hatte Hannelore noch einen Haufen Kosten zu bezahlen und war restlos sauer auf Charles.

Aber ihre lebenserfahrene Freundin wußte Rat. Sie empfahl ihr, mit dem Roland Kaiser nicht von neuem so anzufangen wie mit Charles und statt dessen einen schönen Wellensittich herzutun. Für 30 Mark bekomme man schon einen schönen Vogel, mit dem man sich bei guter Erziehung sogar richtig unterhalten könne und der

sogar Küßchen geben würde, wenn man es ihm beibrächte. Mit solch einem Gefährten komme man viel leichter durchs Leben als mit dem schönsten Schlagersänger, und man sei auch völlig vom Programm unabhängig.
Hannelore fackelte nicht lange, kaufte sich Käfig und Sittich, den sie »Buzzele« nannte und sagte bald zu Silke: »Seit i mei Buzzele han, hat mei Leba wieder an ganz andere Sinn, die Sänger mit Fedra send halt doch treuer als selle Schlagersänger, ond onterhalta kann mer sich au mit ihne, ond ieberhaupt, so Kerle wia der Charles, die g'heret doch teert ond gfedert.«

# Die kreative Assessorin

Zum Leidwesen der Steuerzahler ist die Finanzverwaltung trotz aller Gesetze, Verordnungen, Richtlinien und Verfügungen bei uns im Lande immer noch recht funktionstüchtig, und nirgendwo anders wird auch moderne Technik und die Fortbildung der Bediensteten so groß geschrieben wie in diesem Bereich der Landesverwaltung. Kein Wunder, daß sie deshalb auch immer eine starke Anziehungskraft auf junge Assessoren ausübte, die sich aus dem Heer der »Feld-, Wald- und Wiesenjuristen« abheben und noch etwas dazulernen wollen. Ein Phänomen dabei ist, daß das weibliche Geschlecht erst in den siebziger Jahren Zugang zum höheren Dienst der Steuerverwaltung fand. Die wenigen Assessorinnen, die in diese Verwaltung eintraten, standen dann auch im Mittelpunkt vieler Kantinengespräche, wie es denn so ist, wenn unter lauter Spatzen einmal ein Paradiesvogel auftaucht.

Eine der profiliertesten Vertreterinnen dieser jungen Beamtinnen war die Assessorin Dr. Wibke von Köckeritz, die aus Holstein stammte und in Tübingen studiert hatte. Bevor sie sich emanzipierte, war sie mit einem schwäbischen Kollegen liiert, der ihr als Dauerlösung aber zu harmlos erschien. Frau Dr. von Köckeritz war zu ihrem Leidwesen von der Oberfinanzdirektion an ein kleines Finanzamt im Schwarzwald versetzt worden, dachte aber nicht daran, ihren Wohnsitz dort aufzuschlagen. So fuhr sie jeden Morgen mit einer 500er-Honda in einer knallgrünen Lederkluft aus der fernen Stadt vor dem Finanzamt vor, wo sie als Leiterin des Sachgebiets »Vollstrekkung« eingesetzt war und sich, abgesehen von der Honda und der Tatsache, daß sie pro Tag eine Schachtel »Camel« rauchte, auch durch ihre erfolgreichen und unkonventionellen Vollstreckungsmethoden profilierte. Ein besonders schwieriger Vollstreckungsfall sollte dann ihr Schicksal werden.

Beamte der Steuerfahndung, die bei ihrer privaten Lektüre stets auch dienstliche Interessen im Auge haben, wie es sich für gute Beamte gehört, hatten in einer weitverbreiteten Rundfunkbeilage zu Tageszeitungen eine ganzseitige Anzeige einer »Cosmos AG« entdeckt, in der in reißerischer Aufmachung für Bäder in »Bio-Schlamm« geworben wurde. Da die »Cosmos AG« von der Schweiz aus operierte, konnte man sie leider nur wegen der Umsatzsteuer fassen, die bislang stets hinterzogen worden war. Weil die »Cosmos AG« sich weiter weigerte, die Umsatzsteuer zu bezahlen, wurde ihr Auslieferungslager gepfändet, das sich ausgerechnet im Bereich dieses Finanzamtes befand, und Frau Dr. von Köckeritz sah sich plötzlich vor dem Problem, 20000 Kurpackungen »Bio-Schlamm« im Wert von je 39,50 DM verwerten zu müssen. Ein Versuch der findigen Assessorin, den »Bio-Schlamm« über die »Esüdro«, das heißt die Einkaufsgemeinschaft Süddeutscher Drogisten abzusetzen, mißlang, da dieser der Preis zu hoch und das Produkt zu dubios war. Man vertreibe zwar, hieß es, allerlei Stärkungsmittel, der Bio-Schlamm sei aber zu unseriös, um in den Drogerien vertrieben zu werden.

Der Fall ließ Wibke aber nicht ruhen, und so erörterte sie das Problem auch in ihrem Bekanntenkreis, wo sie den Tip erhielt, es doch einmal mit einer Direktmarketing OHG in Stuttgart zu versuchen. Dort wurde ihr ein Adressatenkreis nachgewiesen, der in einer Kartei als »Jahrmarkts-Messeschlager und Neuheitenvertriebe« erfaßt war und die letzte Chance bot.

Bevor sie diese Aktion startete, wollte Frau Doktor noch einen kleinen Markttest unternehmen und versuchte über den Personalrat, den Bio-Schlamm an die Bediensteten des Finanzamtes verbilligt abzugeben. Dieser Versuch scheiterte aber an den ÖTV-Mitgliedern in diesem Gremium, die einhellig erklärten, in keinem Land der Welt würden die Beamten so gebeutelt wie in Baden-Württemberg, da gehe es nicht an, das Land auch noch dadurch zu unterstützen, daß man ihm seinen Vollstrekkungsplunder abkaufe. Insgeheim waren aber bei dieser Entscheidung auch Aversionen der weiblichen Mitglieder gegen die »preußische Ziege« wirksam, der man einen Erfolg nicht gönnte.

Frau Dr. von Köckeritz aber ließ sich nicht entmutigen und holte zum großen Schlag in Sachen Bio-Schlamm aus. Wie bei Beamten üblich, wollte sie sich zunächst einmal rückversichern. Der Herr Vorsteher des Finanzamtes war gerade in Urlaub, und so ging sie zu seinem Stellvertreter Allmendinger, einem bläßlichen Junggesellen mit hohem Prädikatsexamen, der vor seiner Kollegin, wie vor allen

emanzipierten Frauen, eine natürliche Furcht hatte. Sie erklärte ihm, daß sie beabsichtige, jetzt alle Jahrmarktshändler in Baden-Württemberg anzuschreiben, um den Bio-Schlamm anzubieten. »Sehen Sie«, sagte sie zu Allmendinger, »ich glaube, so können wir zum Ziel kommen und dem Fiskus zu seinem Recht verhelfen. Ich glaube, man muß heute unkonventionell vorgehen, die Werbung für den Bio-Schlamm in der Anzeige war ja etwas großspurig, aber sehen Sie, wenn hier steht »eine tolle Figur ist das wertvollste Kapital jeder Frau«, trifft das genau den Geschmack der Leute, und ich beabsichtige, Elemente dieser Werbung in mein Ausschreiben aufzunehmen. »Es wäre doch schön«, meinte sie abschließend zu Allmendinger, »wir könnten, wenn der Herr Vorsteher aus dem Urlaub kommt, sagen, wir wären den Bio-Schlamm losgeworden.« – »Machen Sie, was Sie wollen«, erwiderte der schüchterne Oberregierungsrat, »aber denken Sie daran, daß Sie für diese Aktion die alleinige Verantwortung tragen.«
Tatendurstig ging die Assessorin nach diesem Gespräch an die Arbeit, und an Allmendinger denkend, ging es ihr noch durch den Kopf: »Die Schwaben waren ja einmal ein pfiffiges Völkchen, aber heute sind sie auch schon ziemlich abgeschlafft. Kein Wunder, daß da der Lothar Späth fast alles alleine machen muß.« Dann setzte sie einen Werbebrief für Bio-Schlamm auf, der diesen als wahren Jungbrunnen unserer Zeit mit kräftigen Worten anpries. Allein diese Aktion erwies sich, obwohl fast 200 Adressen angeschrieben worden waren, als ein »Flop« wie man heute so schön sagt. Nicht eine Bestellung ging ein, dafür hagelte es Beschwerden. Landtagsabgeordnete schalteten

sich ein, das Finanzministerium und die Oberfinanzdirektion rotierten und mußten sich vor dem Vorwurf retten, die Steuerverwaltung gehe offen zu unseriösen Methoden über. Der Herr Vorsteher kam aus dem Urlaub und wäre am liebsten gleich wieder gegangen, als er hörte, was da in seiner Abwesenheit passiert war. Aber eine gute Verwaltung bekommt jedes Problem in den Griff. Die Beschwerdebriefe wurden dahingehend beantwortet, es habe sich um »jugendlichen Übereifer« einer sonst tüchtigen Beamtin gehandelt, und Frau Dr. von Köckeritz wurde in die Bewertungsabteilung versetzt. Dort hielt sie es gerade drei Monate aus, dann verließ sie die Steuerverwaltung, wie schon so viele Kollegen vor ihr, wurde Steuerberaterin und machte mit ihrer kreativen Phantasie der Finanzverwaltung noch schwer zu schaffen.

# Karl Napf, ein Hochstapler?

Es war im Januar 1983, als sich in einem Horber Teilort eine gar merkwürdige Begebenheit ereignete. Soeben waren die ersten Dorfgeschichten und Beiträge zum Horber Volkshumor von Karl Napf im »Schwarzwälder Boten« erschienen, als man diesen biederen Namen schon benutzte, um ehrbare Bürger zu »leimen«.
So fuhr an einem kalten Wintertag ein Mann mittleren Alters mit einem Ford Transit vor einem Sägewerk vor und erklärte dem Besitzer, er brauche Latten, um einen Keller zu verkleiden. Nachdem man passende Latten in genügender Zahl gefunden und aufgeladen hatte, fragte der Säger arglos den Unbekannten, an wen er die Rechnung schicken dürfe und erhielt zur Antwort: »Die schikket Se eifach an Karl Napf z' Horb.« – »Ah, Karl Napf z' Horb, alles klar«, lachte der Sägewerksbesitzer und ging wieder an seine Arbeit, während der Fremde mit Holz im Wert von rund 500 Mark davonfuhr. Aber der gutgläubige Mann hatte zu früh gelacht, und auch der »Schwarzwälder Bote« konnte ihm nicht zu seinem Geld verhelfen, denn der brave Säger hatte es nicht mit dem richtigen Karl Napf zu tun gehabt, sondern mit einem betrügerischen Hochstapler.

Wer aber ist der richtige Karl Napf? Die Frage ist schwer zu beantworten, weil es deren nämlich zwei gibt, den historischen Karl Napf und den heutigen. Die Spur des historischen Karl Napf kreuzte der heutige Karl Napf bereits in seiner Volksschulzeit, wo jener seinen Spielkameraden als »Erfinder der Fettaugen auf der Brotsuppe« galt. Es war die harte Zeit nach dem Kriege, als Brotsuppe eine vertraute Erscheinung auf dem Küchenzettel war und nicht wie heute nur noch in Luxusgaststätten angeboten wurde. Der heutige Karl Napf hatte denn auch großen Respekt vor dem historischen, daß er die Brotsuppe als Volksnahrungsmittel so löblich veredelt hatte. Im mittleren Neckarraum stieß er dann immer wieder auf die Spuren des Vorgängers, so ist er dort manchen noch als »Erfinder der Bratkartoffel in der Tube« oder gar der »hochstämmigen Bratkartoffel« bekannt, und manche haben ihn schlicht als »Karl Napf, den Abwaschbaren« in Erinnerung, was wohl Ausdruck seiner Unverwüstlichkeit ist.

Wer sich aber hinter diesem populären Karl Napf einst verborgen hat, war dem modernen Karl Napf bis vor kurzem unklar, weshalb er sich hilfesuchend an die Landesstelle für Volkskunde in Stuttgart wandte, die mit Fleiß und Sorgfalt an die Lösung dieses schwierigen Problems heranging. Letztlich wurde aber auch sie nicht fündig, denn unter den Stichworten »Sonderlinge, Spaßvögel, Außenseiter« war in ihrem Archiv nicht die leiseste Spur zu entdecken gewesen, und auch die napfverdächtige Literatur hatte nur Fehlanzeigen geboten. Der Name »Napf« sei, hieß es, auch keineswegs ein verbreiteter Familienname, so sei im Stuttgarter Telefonbuch kein

einziger Napf verzeichnet. In »Fischers Schwäbischem Wörterbuch« sei – allerdings fürs Fränkische – das Schimpfwort »Du Napf« – »Du Dummkopf« verzeichnet, und die Landesstelle gab im Ernst zu bedenken, ob sich in »Karl Napf« dieses Schimpfwort zur Person verdichtet habe.
Dies wollte Karl Napf freilich nicht auf sich sitzen lassen, und so ging er denn gern dem Hinweis eines Horber Bürgers auf die Napfgasse in Zürich nach. Das dortige Amt für Denkmalpflege teilte dann mit, die Napfgasse in der Züricher Altstadt habe bis 1529 Nabelgasse geheißen. Nun hätte Karl Napf es gern gesehen, wenn man ihn gewissermaßen als Nabel der Welt betrachtet hätte, aber die Züricher berichteten weiter, die Napfgasse habe diesen Namen erhalten, weil in ihr das Haus »Zum Napf« gelegen sei, das 1450 diesen Namen erhalten habe. Damals sei es Mode geworden, ein Haus nicht mehr mit dem Namen des Besitzers, sondern zum Beispiel »Zum Loch« oder »Zum weißen Wind« zu bezeichnen oder einfach nach Gebrauchsgegenständen, wie z. B. »Napf« zu benennen. So führte denn auch diese Spur nicht weiter.
Aber der heutige Karl Napf gab nicht auf und forschte weiter nach seinem Ahnherrn, und schließlich kam er auch auf die richtige Fährte. Als man ihm erzählte, der historische Karl Napf sei in der Pionierzeit dieses Mediums im Rundfunk aufgetreten, wandte er sich an die fast allwissende Redaktion von »Land und Leute« im Süddeutschen Rundfunk. Deren Archive verzeichneten zwar auch nichts zu Karl Napf, aber hilfreich war ein Verweis an den Seniorchef der schwäbischen Rundfunkhumoristen, Eugen Morlock, der sich daran erinnerte, daß

in den zwanziger Jahren im Stuttgarter Friedrichsbau ein Humorist mit großem Erfolg unter diesem Namen aufgetreten war, von dem seither aber nichts mehr zu sehen und zu hören gewesen sei. So lebt sein Name im heutigen Karl Napf weiter. Seine Geschichten schmecken freilich nicht allen gleich gut. So möge er denn wie ein richtiger Napf, dem einen ein Spucknapf, dem anderen ein Eßnapf sein, Hauptsache, er bleibt »rund«.

# Nachwort

»Vorreden spart Nachreden« schreibt Berthold Auerbach im Vorwort zur Ausgabe von 1857 seiner Schwarzwälder Dorfgeschichten. Ein kurzes Nachwort möge an dieser Stelle den Dorfgeschichten von Karl Napf manche Nachrede ersparen. Üble Nachrede etwa der Art, ihr Autor habe es mit seinen kleinen Glossen dem Berthold Auerbach gleichtun wollen. Das hat er – ich kann es bezeugen – sicherlich nicht. Und seine Dorfgeschichten haben mit denen von Auerbach nicht mehr gemein, als daß manche von den einen wie den andern im »Schwarzwälder Boten« das Licht der Welt erblickt haben, daß ihre Autoren Horb und Umgebung samt Nordstetten großzügig noch zum Schwarzwald zählen und daß sie bei der Schilderung der kleinen Leute auf dem Lande, denen beider ganze Liebe gilt, zuweilen ihre Schwierigkeiten mit der »Volkssprache« haben.

Ja, und daß die Geschichten in der jeweiligen Gegenwart spielen. Aber Auerbachs Gegenwart, Mitte des vorigen Jahrhunderts, hatte noch die Zeit und innere Ruhe, sich liebevoll und bedächtig der kleinen Dinge und des Nachbarn anzunehmen. Selbst eine Episode wie die vom »Tollpatsch« geriet dem Autor zum buntfarbigen Genrebild.

Unsere, und das ist Karl Napfs Zeit, das letzte Drittel dieses Jahrhunderts, ist sehr viel schnellebiger, kurzatmiger, kürzer angebunden mit sich und dem Nächsten. Da entstehen Schnappschüsse statt Bildern, zumeist schwarzweiß.
Wenn in der ersten dieser 36 Kurzgeschichten, dem »Barfüßele 1982«, Karl Napf nicht ohne Ironie an den Titel von Auerbachs »Barfüßele« aus dem Jahre 1856 anknüpft, so zeigt eben dies den himmelweiten Unterschied zwischen damals und heute auf. Diese modetörichte Bürgersfrau aus besseren Kreisen, die, einem Trend der Zeit folgend, barfuß aufs Postamt geht und damit das blanke Entsetzen ihrer Mitspießer provoziert, ist beim besten Willen keine späte Nachfahrin von Auerbachs Barfüßele mehr, jenem kleinen Waisenmädle, das die toten Eltern in der abgeschlossenen Häuslerhütte sucht, für den jüngeren Bruder sorgt und endlich nach schweren Jahren ihren Schimmelreiter, den reichen Bauernsohn, findet und heiraten darf.
»Die vorkommenden Sitten und Gebräuche sind dem wirklichen Leben entnommen«, schrieb Auerbach von seinen Dorfgeschichten, die er zuweilen zu kleinen Romanen, zu uns heute märchenhaft anmutenden Erzählungen ausgesponnen hat. Karl Napf spießt mit sehr viel kürzerem Atem Unsitten und Mißbräuche, die Dummheiten und die kleinen vergeblichen Gaunereien des heutigen »wirklichen Lebens« mit seiner spitzen Feder auf – die in Wahrheit eine Schreibmaschine oder ein Diktiergerät ist.
Mag aber Berthold Auerbach dem Karl Napf in der Kunst des Erzählens wie im sittlichen Ernst, mit dem er sich

seinen Figuren und ihren Schicksalen zuwendet, noch so überlegen sein – eines hat Napf ihm voraus: den Humor, die zuweilen recht bissige Ironie, die freilich nie ganz ohne Selbstironie ist. In seinen mitunter boshaft hingefetzten, kabarettistisch überzogenen Glossen karikiert er seine Zeit und damit auch sich selbst.

Denn wie Auerbach – wenn auch mit anderen, vielleicht weniger erhabenen Mitteln – distanziert er sich nie ganz von seinen Objekten, schildert sie nicht von oben herab oder von weither wie ein Zoologe seine Schmetterlinge. Er ist beinahe wie sie, ein Bruchstück im Konglomerat unserer Gegenwart, und er verteilt recht subjektiv Sympathie und Antipathie. Dem knitzen Bauernschultes, dem geschäftstüchtigen Spieß oder Deutschlands faulstem Beamten scheint er mehr zugeneigt zu sein als etwa der Sexualkundeerzieherin Beckbissinger und ihrem nichtstuenden ständigen Begleiter. Auch durch solche kleinen Zu- und Abwendungen weht unüberhörbar der Geist unserer frühen achtziger Jahre.

Karl Napfs kleine Storys sind keine Horber, keine Schwarzwälder, sie sind schlicht hiesige Alltagsgeschichten. Und Dorfgeschichten sind es nur, wenn man – wie ihr Autor – unter Dorf nicht eine kommunalpolitische Einheit ohne Stadtrecht versteht, sondern ein noch überschaubares Gemeinwesen (das kann auch ein Städtle oder der Teilort einer großen Stadt sein), in dem fast jeder fast jeden noch kennt, wo Individualität noch toleriert wird und Anonymität ein Fremdwort ist. Und wo selbst Randfiguren, denen ja Napfs besondere Liebe gilt, allenfalls Objekt nachbarlichen Spottes, aber nicht bürokratischer Behandlung oder polizeilicher Observation sind. Wo also noch eine halbwegs menschliche Form des Zusammenlebens möglich ist.

Aber auch in dieser heutigen Art von Dörflichkeit finden kaum noch Begegnungen und schon lange keine Märchen mehr statt. Dafür haben wir das Fernsehen. »Zwar rennen auch jetzt noch die kleinen Kinder um 18 Uhr schnell heim, aber schon lange nicht mehr wegen des Betläutens, sondern weil um diese Zeit die Sesamstraße im Fernsehen läuft«, heißt es in der Geschichte vom »versoffenen Mariele«.

Kann man aber die Sesamstraße am Betläuten messen? So wenig wie unsere Zeit an der um 1842 oder den Karl Napf an Berthold Auerbach! Wer's doch tun wollte, handelt wie einer, der Ochsen melken will. Da ist auch nicht der Ochs schuldig, wenn keine Milch kommt.

Karl Napf schildert Leut' aus unserer Zeit. Und das ist – ob es uns gefällt oder nicht – längst nicht mehr die gemütvolle, menschlich warme – dafür um so ärmere – Welt eines Berthold Auerbach.

Alles hat seinen Preis. Auch die Zeit, in der man lebt.

F. A. Schiler

Max Frommer

*Vom Leben auf dem Lande: Isingen 1910*

336 S., mit 23 Abb., Kunstleinen

Max Frommer, Bauernsohn aus Isingen bei Balingen, schildert in diesem Buch das Leben auf einem schwäbischen Kleinbauernhof vor dem Ersten Weltkrieg, in einer Zeit also, in der das Leben auf dem Lande noch fast ausschließlich von den Bedürfnissen und Notwendigkeiten der kleinbäuerlichen Kultur geprägt war. In allen Einzelheiten beschreibt der Autor die Umwelt und den Alltag seiner Familie in der Hof- und Dorfgemeinschaft: das Elternhaus mit Wohnstube, Küche, Kammern, Bühne, Keller, Scheune und Stall, das aus bodenständigen Materialien errichtet wurde, die Arbeiten in einer vielseitigen, noch völlig unspezialisierten Landwirtschaft, von der Tierzucht und -pflege bis zu allen Arten und Methoden des Fruchtanbaus, der Ernte, des Einbringens, der Lagerung und Vorratshaltung. Aus den Erinnerungen des Autors entsteht ein farbiges Bild vom bäuerlichen Familienleben, in dem der ganze, oft beschwerliche Alltag im beengten Haus festgehalten ist: der von der Arbeit bestimmte Tageslauf, der mit dem Morgengebet begann und mit der Abendandacht endete, Kleidung, Essen und Trinken, Kindererziehung und Kinderpflege, Versorgung von Alten und Kranken, aber auch Familien- und Jahresfeste. Aber auch die kleinbäuerliche Gemeinde mit Schule, Kirche und Markt wird lebendig und gegenwärtig.
Max Frommer wurde für diese Arbeit mit dem Landespreis für Heimatforschung 1982 des Württembergischen Genossenschaftsverbandes ausgezeichnet.

*Schwäbisch vom Blatt für Schwaben und andere*

Hrsg. von der Südwestpresse. 321 S., Kunstleinen. Ein übersichtliches schwäbisches Wörterbuch von A–Z.

Wieviele sind's noch, die sich hierzulande ungeniert ihrer Muttersprache, der Alltagssprache ihrer Großväter und Urgroßeltern bedienen? Wer benutzt schon noch unverfälscht die den verschiedensten württembergischen Gegenden eigenen Dialekte mit ihrem urig-schönen, zuweilen auch herb-rauhen, landschaftstypischen Klang? So wenige, wie es zunächst scheinen mag, sind's nicht. Das hat eine Zeitungsaktion der Südwestpresse erwiesen. Leser im ganzen Land wurden eingeladen, Schwäbisches, Urschwäbisches in ihr Blatt einzubringen. Tausende fühlten sich angesprochen. Die Artikelserie unter dem Titel »Von A wie ahäsa bis Z wie Zeitbeer« wurde erfolgreich wie keine vor ihr, war monatelang der wohl am intensivsten gelesene Teil der Zeitung. Von der Ost- und Westalb kamen Briefe, aus dem Unter- und Oberland. Aus Norwegen schrieben Zeitungsleser und trugen zum Gelingen und zum Erfolg der Schwäbisch-Serie ebenso bei wie nach Neuseeland, in die USA, nach Argentinien, nach Kanada oder nach Südafrika ausgewanderte Württemberger. Ihre Briefe waren vollgepackt mit Budoola und Badenga, Blätzdogga und Breschtleng, Maugeta und Mäschgerle. Das Ergebnis war ein Volksbuch: »Schwäbisch vom Blatt«, ein übersichtliches und leicht zu handhabendes Gebinde aus Überkommenem, das beim Blättern nachdenkliche Freude auslösen soll mit Wörtern und Sprüch', dazu Koch- und Backrezepten von Schwaben, nicht nur für Schwaben.